ELKE WERNER | KLAUS-GÜNTER PACHE

ÜberLeben

Kraftquellen für den Glauben im Alltag

SCM R.Brockhaus

SCM

Stiftung Christliche Medien

Soweit nicht anders angegeben, sind die Bibelverse folgender Ausgabe entnommen: Neues Leben. Die Bibel, © der deutschen Ausgabe 2002 und 2006 SCM R.Brockhaus im SCM-Verlag GmbH & Co. KG, Witten.

Weiter wurden verwendet:
Lutherbibel, revidierter Text 1984, durchgesehene Ausgabe in neuer Rechtschreibung, © 1999 Deutsche Bibelgesellschaft, Stuttgart. (LUT)
Hoffnung für alle®, © 1983, 1996, 2002 by Biblica US, Inc., Verwendet mit freundlicher Genehmigung des Verlags. (HFA)
Das Buch. Neues Testament – übersetzt von Roland Werner.
© 2009 SCM R.Brockhaus im SCM-Verlag GmbH & Co. KG, Witten. (DBU)

Die mit EW gekennzeichneten Texte stammen von Elke Werner, die mit dem Kürzel KGP versehenen von Klaus-Günter Pache.

© 2012 SCM R.Brockhaus im SCM-Verlag GmbH & Co. KG
Bodenborn 43 · 58452 Witten
Internet: www.scm-brockhaus.de · E-Mail: info@scm-brockhaus.de

Gesamtgestaltung: Dietmar Reichert, Dormagen
Druck und Bindung: CPI–Ebner & Spiegel, Ulm
Gedruckt in Deutschland

Buchhandelsausgabe:
ISBN 978-3-417-26504-0
Bestell-Nr. 226.504

INHALT

Vorwort

Sie halten einen Schatz in den Händen, wirklich. Nicht, weil wir Autoren so Wunderbares geleistet hätten, nicht weil wieder eine Kampagne angeboten wird, nein, der Grund ist ein anderer. In diesem Buch begeben Sie sich mit Mose auf eine Reise durch die Wüste, die in vielen Abschnitten dem gleicht, was Ihrer täglichen Lebenserfahrung entspricht.

Sonnigen Abschnitten folgen schwere Wege, brennend heißer Wüstensand lädt ein zur Umkehr, frisches Wasser verleiht neue Kräfte. Das versprochene Land weckt Hoffnungen, die der Alltag wieder zunichtemacht. Es ist ein Auf und Ab der Gefühle, ein Ringen um neue Kraft, um neuen Glauben und neuen Mut.

Erst beim Schreiben dieses Buches ist uns klar geworden, welchen Schatz die Mose-Geschichten bergen und wie viel mehr es von diesem Schatz zu heben gälte. Doch ein Anfang ist gemacht, und das, was Sie hier lesen können, soll Ihnen 40 Tage lang Trost und Hilfe sein, praktische und nachdenklich machende Inspiration für das Leben als Christ im ganz normalen Alltag.

Wir haben die Kampagne »ÜberLeben – Kraftquellen für den Glauben im Alltag« genannt. Über das Leben geht es, über den ganz normalen Alltag und wie Gott uns jeden Tag seine Hilfe und Nähe anbietet. Über das Leben wollen wir nachdenken, über das Leben mit ihm und die Perspektiven, die sich dadurch eröffnen.

Dann ist es aber auch ein Buch, um zu überleben. Für viele von uns ist der normale Alltag zu einem Kampf geworden. Die Zahl derer, die damit nicht mehr klarkommen, wächst. Das Gespenst des Burn-outs wabert durch unsere Köpfe. »Bin ich der Nächste?«, »Wie lange halte ich das noch aus?« – so oder ähnlich lauten die heimlichen Fragen.

Wir wollen auf den verweisen, der die Antwort ist, der die Fülle hat und der immer noch derselbe ist: unser Vater im Himmel. Seine Treue hat Mose 120 Jahre leben und überleben lassen, und diese Treue gilt Gottes Kindern bis heute.

Das Buch ist Teil einer Kampagne. Natürlich können Sie es einfach so lesen, und wir hoffen, es wird Ihnen guttun. Doch wenn Sie zu einer Gemeinde gehören, die sich an der Aktion beteiligt, dann besuchen Sie am besten auch die sechs dazu geplanten Gottesdienste und die Treffen in den Kleingruppen. Das verstärkt die heilsame Wirkung dieses Buches ganz bestimmt.

In diesem Sinne
Ihnen zum Segen

Klaus-Günter Pache und Elke Werner

PS: Begleitend zu diesem Buch (das übrigens auch als Hörbuch erhältlich ist) sind viele weitere gute Produkte erschienen, die wir Ihnen kurz vorstellen möchten:

Hauskreise können mit dem Begleitheft für Kleingruppen an sechs Abenden tiefer in das Thema einsteigen und gemeinsam überlegen, wie man die Kraftquellen Gottes anzapft. Die sechs Entwürfe von Mirjam Puppe und Anke Wiedekind sind durch ein Bausteinsystem leicht adaptierbar und eröffnen einen neuen Blickwinkel.

Die Musik-CD »Jesus, ich vertraue dir« greift die Inhalte dieses Buches musikalisch auf. Die zwölf Lobpreislieder von bekannten Interpreten helfen dabei, Kraft in der Gegenwart Gottes zu tanken.

Den Gedanken des Tages finden Sie auch in dem Aufstellbuch »Darf's ein bisschen Kraft sein?«. So können Sie sich während des Tages an das am Morgen Gelesene erinnern. Stellen Sie den Aufsteller doch einfach auf dem Schreibtisch, in der Küche oder auf der Eingangskommode auf und holen Sie sich tagsüber immer wieder eine kleine Portion Kraft.

Schließlich können auch Kinder und Jugendliche sich mit Mose und dem Thema Kraftquellen beschäftigen:

Der asthmakranke Tobi reist in Simon Schilds »Tobi und die Geschichtenschlüpfmaschine« mit seinem Erfinder-Opa ins alte Ägypten, wo er viele spannende Abenteuer erlebt. Am Ende der 40 liebevoll erzählten Kapitel findet sich jeweils eine kurze kreative Anregung für den Alltag (ab 8 Jahre).

Sarah Merz und Tobias Schöll haben außerdem ein kraftvolles Jugendbuch geschrieben, »Hallo Alltag!«. Es begeistert für den Glauben an Jesus und ermutigt Teens dazu, mit Gott ganze Sache zu machen und sich von ihm Kraft geben zu lassen – so wie Mose.

1. Woche

Entdecken Sie die Kraft, die in Ihnen steckt

Der ewige Gott ist eure Zuflucht und unter euch sind seine ewigen Arme.

5. Mose 33,27

Wenn das Leben all unsere Kraft fordert

E s ist später Abend in der Frankfurter Innenstadt. In einem der hell erleuchteten Bürotürme, irgendwo in der obersten Etage, sitzen zwei Frauen und warten auf das Ergebnis einer schicksalhaften Besprechung. Die eine, die ältere der beiden, wickelt zum wiederholten Male eine Firma ab. Was allein zählt, ist Gewinnmaximierung. Wer dabei auf der Strecke bleibt, ist unerheblich. Die andere will und kann nicht mehr. Sie steigt aus. Während Menschen in den umliegenden Büros zu so später Stunde immer noch arbeiten, sagt die ältere der beiden: »Seien Sie mal nicht so kleinlich moralisch. Schauen Sie doch mal raus, da in die Legebatterien, wie sie alle machen und tun und kratzen. Sie glauben, da ändert sich was?« Daraufhin antwortet die Jüngere: »Doch, ich ändere mich.«

Es war nur ein Spielfilm im Abendprogramm des ZDF. Der Titel verhieß etwas Seichtes, der Inhalt überraschte. Er schien mir wie ein Schrei nach einer Alternative, nach einem Leben, das sich nicht verausgabt in dem ständigen Suchen nach immer mehr und immer höher. Wie überleben die Menschen in den Büros der Firmen, die auf Gedeih und Verderb die Erwartungen der Aktieninhaber erfüllen müssen? Wie kommt heute eine Familie zurecht, wenn beide Elternteile arbeiten müssen, das Geld trotzdem nicht reicht und sich schon nach wenigen Jahren erste Anzeichen chronischer Erschöpfung feststellen lassen?

Robert Enke, Torwart des Bundesligisten Hannover 96, nahm sich am 10. November 2009 das Leben – vielleicht hätte er eine Alternative gesehen, wenn er beruflich nicht so unter Druck gestanden hätte? Ralf Rangnick, Trainer von Schalke 04, gab am 22. September 2011 sein Traineramt auf. Er selbst sagte dazu: »Die Entscheidung so zu treffen, ist mir unheimlich schwergefallen. Doch mein derzeitiger Energielevel reicht nicht aus, um erfolgreich zu sein und insbesondere die Mannschaft und den Verein in ihrer sportlichen Entwicklung voranzubringen.«

Wie vielen Menschen geht es ähnlich?! Nicht immer gibt man deswegen auf, aber schwer fällt es den meisten. Alles zehrt an einem, jeder will etwas. Je größer die Verantwortung, desto enger wird der Spielraum eigener Kraft und Leistungsfähigkeit. Unsere Welt mit dem Überangebot an Informationen, Eindrücken und Forderungen übersteigt unsere Möglichkeiten, angemessen zu reagieren und zu überleben. Es scheint ein ständiger Kampf ums Überleben.

Wo füllen wir unsere Leistungsreserven auf, wenn sie offensichtlich zur Neige gehen und weder die kurze Pause noch der lange Urlaub wirklich helfen? Wo, um alles in der Welt, können wir Kraft tanken, die ausreicht, um die Herausforderungen unseres Alltags zu meistern und dabei die Freude nicht zu verlieren?

40 Tage lang wird uns diese Frage beschäftigen, und wenn Sie nach diesen 40 Tagen zu dem Schluss kommen: Ja, mit der Hilfe Gottes kann ich es schaffen, ich will mich mehr auf ihn verlassen, ihn besser kennenlernen und erleben, wie er versorgt und führt und begeistert – dann, ja dann waren es gute 40 Tage.

Wir werden in dieser Zeit sehen, wie die Nähe zu Gott einen Mann verändert hat, einen Menschen, dem alles wegbrach. Nach beispiellosem Start kam der unerwartete Absturz. An eine Karriere war nicht mehr zu denken, die Wüste wurde zum Aufenthaltsort für 40 Jahre, denen weitere 40 Jahre mit unvorstellbarer Verantwortung folgten. Mose heißt der Mann, dessen Leben wir uns in den kommenden Wochen näher anschauen wollen. Von ihm wollen wir lernen, weil er immer und immer wieder bereit war, sich korrigieren zu lassen und sich zu verändern. Das war möglich, weil er aus der Nähe zu Gott lebte. Tiefes Vertrauen in die Fürsorge Gottes prägte sein Leben. Als sich dieses Leben dem Ende zuneigte, segnete er die ihm anvertrauten Menschen und brachte 120 Jahre Lebenserfahrung auf einen Punkt: *Zuflucht ist bei dem alten Gott und unter den ewigen Armen* (LUT).

Dieser Vers wird uns während der kommenden Wochen noch an anderer Stelle beschäftigen, aber hier, zu Beginn der 40 Tage, ist er wie eine Überschrift, wie eine Zusammenfassung. Darum soll es gehen: Zuflucht ist bei dem alten Gott und unter den ewigen Armen. Es gibt sie wirklich, diese Quelle neuer Kraft, die mir hilft zu überleben. Es ist die Nähe zu Gott, zu dem Gott, der mich beeindruckt und beschämt durch seine unwandelbare Treue. Es ist der alte Gott, der ewige Gott, der über diese Quelle verfügt.

Nie werde ich den Besuch bei einer alten Dame vergessen. Sie war weit über 80, konnte kaum noch laufen, aber strahlte einen Frieden und eine Zuversicht aus, die mich, der ich so viel jünger war, neidisch machten. Nie werde ich vergessen, was sie mich damals fragte, so kurz vor ihrem Tod: »Wissen Sie, Pastor Pache, eins war mir immer klar: Niemals will ich ohne ihn, ohne meinen Gott leben. Keinen einzigen Tag. Wollen Sie das?« Die Frage stellte sie mir in solchem Ernst, dass ich kein leichtfertiges »Ja, natürlich« zustande brachte. Ich musste innehalten und schlucken, um dann ganz vorsichtig und doch sehr bestimmt sagen zu können: »Nein, keinen einzigen Tag ohne ihn!«

David, ein anderer Held der alten biblischen Geschichten, hat es in einem seiner Lieder so ausgedrückt: *Denn bei dir ist die Quelle des Lebens, und in deinem Lichte sehen wir das Licht* (Psalm 36,10; LUT).

Wenn das Ihr Fazit nach diesen 40 Tagen ist, dann waren es gute Tage. Gott segne und behüte Sie. (KGP)

IMPULS

Setzen Sie sich an einen Ort, an dem Sie für ein paar Augenblicke Ruhe haben. Atmen Sie tief durch und bitten Sie Gott um einen Eindruck, einen Impuls für diese 40 Tage.

Denken Sie nach, und dann sagen Sie ihm, was Sie sich wünschen. Was erwarten Sie, worüber würden Sie sich freuen, was soll sich verändern?

Schreiben Sie es auf und fragen Sie sich dann nach den 40 Tagen noch einmal: Was ist passiert, was hat sich verändert?

GEDANKE DES TAGES

Da hast du gesehen, dass dich der HERR, dein Gott, getragen hat, wie ein Mann seinen Sohn trägt, auf dem ganzen Wege, den ihr gewandert seid.

5. Mose 1,31 (LUT)

Unser Leben währet siebzig Jahre, und wenn's hoch kommt, so sind's achtzig Jahre, und was daran köstlich scheint, ist doch nur vergebliche Mühe; denn es fähret schnell dahin, als flögen wir davon.

Psalm 90,10 (LUT)

Gott im Alltag

Nichts ist spannender als der Alltag. Hier spielt sich mein Leben ab – im Alltag. Wo erlebe ich die meisten Herausforderungen und auch die meisten positiven Überraschungen? Im Alltag. Wo geschehen die meisten Unfälle? Im Alltag, nämlich im Haushalt. Warum ist das Alltägliche so außergewöhnlich und spannend? Weil es mein Leben ist, das einzige Leben, das ich führe. Tag für Tag. Jahr für Jahr. Der Alltag kann von Einsamkeit und Langeweile geprägt sein, von Hektik und Druck, von anregender Arbeit oder auch von nervtötender Routine, von gleichförmigen Aufgaben und von überraschender Vielfalt. Alltag ist eben Alltag. Und noch etwas ist spannend am Alltag: Für jeden Menschen auf dieser Welt sieht er ganz anders aus.

Unsere Urlaube sind da willkommene Unterbrechungen. Sie sind tatsächlich wichtig, und viele unserer Zeitgenossen – mich eingeschlossen – genießen es sehr, endlich einmal rauszukommen. Manche überleben ihren Alltag nur mit Mühe und Not vom einen bis zum nächsten Urlaub. Doch sehen wir einmal genauer hin: Wie viel Zeit unseres Lebens verbringen wir im Urlaub und wie viele Tage und Monate im Alltag? Wollen wir wirklich unser Leben auf die paar Wochen im Jahr reduzieren, die wir Urlaub nennen, und dabei den Alltag gering achten?

Unser Leben, egal, wie lange wir es schon leben und wie lange es noch dauern wird, ist eine Aneinanderreihung von Alltagen. Und je länger es dauert, je mehr Erfahrungen wir gemacht haben, desto anstrengender kann es sein, diesen Alltag zu bewältigen. Woher kommt die Kraft, die wir Menschen brauchen, um jeden Morgen aufzustehen und das Leben zu meistern? Ist es wirklich nur Arbeit und Mühe, und am Ende stellen wir fest, dass es auch noch vergebliche Mühe war? Dass das Leben vorbeigeflogen ist und wir nicht wirklich gelebt haben?

Wir alle brauchen mehr Kraft, als wir aus uns selbst schöpfen können. Das Leben hat viele positive Seiten, aber es ist auch eine ständige Herausforderung.

Ich bin überzeugt: Gott hat uns dieses Leben geschenkt. Er hat es sich ausgedacht und will uns mitten in diesem Leben begegnen. Da er es erfunden hat, weiß er, wie man es gestalten und überleben kann, ja sogar, wie man mitten im Alltag Kraft und Freude tanken kann.

Die spannende Frage ist also: Wie kommt Gott in unseren Alltag? Und auch: Wie können wir nicht nur überleben, sondern jeden einzelnen Tag in positiver Weise als Herausforderung wahrnehmen, an dem wir die Welt um uns herum verändern können?

Das spannende Abenteuer eines Alltags mit Jesus hat für mich als Jugendliche begonnen. Ich entdeckte damals, dass Gott mir das Leben geschenkt hat, weil er mich liebt und weil er es mit mir gemeinsam leben will. Jeder Tag meines Lebens mit Gott ist anders und jeder Tag wird zu einer neuen Herausforderung für mich. Anstatt mich also durchs Leben zu schleppen, frage ich aktiv: Jesus, was ist heute dran? Wen schickst du mir heute über den Weg? Wo willst du mich heute verändern, mich heute einsetzen?

Ja, es gibt auch in meinem Leben Dinge, die nicht besonders aufregend und erbauend sind, die ich aber dennoch immer wieder tun muss: früh aufstehen, staubwischen, einkaufen, zum Arzt gehen. Aber es gibt auch viele Dinge, die wahnsinnig spannend sind. Zum Beispiel: Wie kann ich die Menschen, die ich an der Supermarktkasse sehe oder die mit mir im Wartezimmer beim Arzt sitzen, wie kann ich meine Kollegen und meine Familienangehörigen so sehen, wie Gott sie sieht? Was tue ich, wenn andere um mich herum über jemanden lästern? Wie verhalte ich mich bei unanständigen Witzen und anzüglichen Bemerkungen? Wie gehe ich mit Mobbing um, mit Gewalt gegen Kinder? Klar fordert mich das auch heraus und kostet mich Kraft. Aber ich merke auch, wie ich etwas zurückbekomme, wenn ich inspiriert und erwartungsvoll mit Jesus lebe: ein Lächeln, Zufriedenheit, Erfüllung, Dankbarkeit …

Und dann gibt es auch richtig viele Dinge, die ich im Alltag von Herzen genießen kann. Tiefe Freundschaften – allen voran die mit meinem Mann –, fröhliche Feste und Reisen, Begegnungen mit Menschen aus aller Welt, eine schöne Wohnung, nette Kollegen, Eiscreme und Schokolade, um nur einige wenige zu nennen.

In alldem bin ich dankbar für Vorbilder. Reale Vorbilder, die mir in meinem Leben begegnet sind und an denen ich ablesen kann, wie man in unserer Zeit glaubhaft und kraftvoll leben kann. Und ich bin dankbar für Vorbilder in der Bibel, von denen ich lernen kann.

Mose ist so ein Vorbild für mich. Er lebte in einer anderen Zeit, man kann auch sagen in einer anderen Welt – kein Internet, kein Facebook, keine Staus auf den Straßen, kein Fernseher, keine Gewerkschaften, keine politischen Parteien, keine Börse, keine Billigflüge in den Urlaub –, aber er lernte, mit den Herausforderungen seiner Zeit so umzugehen, dass er für viele Menschen zum Segen wurde – weil er aus einer ganz besonderen Quelle der Kraft schöpfte. Deshalb werden wir in diesem Buch vierzig Tage lang das Leben von Mose anschauen und von ihm lernen. Er soll uns in den nächsten Wochen ein Vorbild darin sein, wie wir in unserem Lebensmarathon bestehen können. Wir wollen von ihm »Überlebensstrategien« lernen und herausfinden, wie wir in unserem Alltag ganz praktisch mit Gott leben können.

Mose lebte ein sehr anstrengendes Leben. Ehrlich gesagt: Ich möchte nicht mit seinem Alltag tauschen, jedenfalls nicht in der Zeit, in der er das Volk Israel durch die Wüste führte. Was für ein Stress! Immer für viele Menschen zu sorgen und dann den ganzen Tag ihr Meckern und Klagen zu hören! Immer unterwegs zu sein und nie anzukommen! Immer abhängig von der Versorgung durch Gott zu sein! Immer für alle anderen da zu sein und kaum Zeit für sich selbst zu haben! Wer möchte da schon tauschen?

Doch vielleicht kommt Ihnen das alles ja aus Ihrem Leben sehr bekannt vor? Auch Sie sind unterwegs, kümmern sich um andere Menschen, haben viel Arbeit, viel Stress, wenig Freizeit. Auch Sie sehnen sich nach »mehr« im Alltag. Dann tauchen Sie mit uns ein in das Leben von Mose und lassen Sie uns gemeinsam erkennen, wie das Leben im Alltag mehr sein kann als nur ein blankes Überleben bis zum nächsten Urlaub. Lassen Sie uns gemeinsam mit Mose entdecken, wie wir mehr über das Leben mit Gott lernen können. Mitten im Alltag (EW).

IMPULS

Was geschieht in Ihrem Leben all-täglich, also jeden Tag?

Nehmen Sie sich heute vor, das Leben als Abenteuer zu sehen. Was ändert sich, wenn Sie Ihren Alltag mit anderen Augen ansehen?

GEDANKE DES TAGES

Wer den Alltag meistert, ist ein Held.

Fjodor Michailowitsch Dostojewski

Der König von Ägypten erteilte den hebräischen Hebammen Schifra und Pua folgenden Befehl: »Wenn ihr den hebräischen Frauen bei der Geburt Hilfe leistet und ein Junge geboren wird, dann tötet ihn. Ist es jedoch ein Mädchen, dann lasst es am Leben.« Aber weil die Hebammen Ehrfurcht vor Gott hatten, gehorchten sie dem König von Ägypten nicht und ließen die Jungen am Leben ...
Gott segnete die Hebammen und das Volk der Israeliten wurde sehr groß und mächtig ...
Schließlich befahl der Pharao seinem ganzen Volk: »Werft alle neugeborenen hebräischen Jungen in den Nil, aber verschont die Mädchen.« Zu jener Zeit heirateten ein Mann und eine Frau aus dem Stamm Levi. Die Frau wurde schwanger und bekam einen Sohn. Als sie sah, was für ein schönes Kind es war, hielt sie es drei Monate lang versteckt. Schließlich konnte die Frau ihren Sohn nicht länger verstecken. Da nahm sie einen kleinen Korb aus Schilfrohr, dichtete ihn mit Erdharz und Pech ab und legte das Kind in den Korb. Dann setzte sie diesen ins Schilf am Nilufer. Die Schwester des Jungen blieb in einiger Entfernung stehen, um zu erfahren, was mit ihm geschehen würde.

2. Mose 1,15-2,4

Jemand glaubt an Sie

Ein Baby ist geboren. Das ältere Geschwisterchen möchte unbedingt mit dem Kleinen allein sein. Die Mutter ist sich nicht so sicher, ob das gut gehen wird. Doch nach langem Drängen gibt sie nach, lässt aber die Türe einen Spalt offen. Sie sieht, wie das ältere Kind sich über das Baby beugt und flüstert: »Wie war das noch mal beim lieben Gott? Ich habe das alles schon wieder vergessen!«

Das ältere Geschwisterchen hat recht. Das Leben beginnt schon lange vor der Geburt. Wir sind neun Monate im Bauch unserer Mutter herangewachsen. Und bereits davor hat Gott sich Gedanken über uns gemacht und diese in unser Leben hineingepackt: *Ich kannte dich, ehe ich dich im Mutterleibe bereitete, und sonderte dich aus, ehe du von der Mutter geboren wurdest, und bestellte dich zum Propheten für die Völker,* schreibt Jeremia die Worte von Gott an ihn auf (Jeremia 1,5; LUT).

Gott hat jeden von uns zubereitet und schon vor der Geburt mit einem Sinn erschaffen. Auch wenn die jeweiligen Eltern einen großen Anteil an der Entstehung und Geburt eines Kindes hatten, letztlich kommt unser Leben doch von Gott. Er hat sich jeden und jede von uns ausgedacht, er hat uns gewollt.

Mitten im Alltag soll es in dieser Woche um einen Blick zurück gehen: Wer bin ich, und wie bin ich so geworden, wie ich bin? Wer und was hat mich geprägt? Wem verdanke ich mein Leben? Und wie kann dieses Wissen mir Kraft geben?

Dass Sie jetzt in der Lage sind, dieses Buch zu lesen, hat mit dem Mut Ihrer Eltern zu tun, Ihnen das Leben zu schenken. Egal, wie sich die Beziehung zu ihnen im

Laufe Ihres Lebens entwickelt hat, ganz gleich, ob Ihre Eltern noch leben oder nicht – es lohnt sich, das eigene Leben einmal unter diesem Aspekt zu betrachten: Was hat es für meine Eltern bedeutet, dass sie sich für mein Leben entschieden haben?

Schon zu allen Zeiten gab es mutige Eltern. So zum Beispiel damals, vor gut 3000 Jahren, in der Zeit, als das Volk Israel in ägyptischer Gefangenschaft war und dort Sklavenarbeiten verrichten musste. Trotz großer Armut und Unfreiheit brachten die hebräischen Frauen Kinder zur Welt. Irgendwann fürchtete der Pharao, die Hebräer könnten aufgrund ihrer Anzahl zu einer Bedrohung für das ägyptische Volk werden. Daher erließ er ein Gesetz, nach dem alle männlichen israelitischen Nachkommen gleich nach der Geburt getötet werden sollten. So wollte er verhindern, dass es in dem Heer der Arbeiter zu viele starke Männer gab, die dann einen Aufstand gegen ihn unternehmen könnten. Doch auch schon zu dieser Zeit gab es Frauen, die sich für das Leben von Kindern einsetzten: zwei mutige Hebammen, eine mutige Mutter, eine mutige Schwester und eine mutige Pharaonentochter.

Doch der Reihe nach: Die zwei mutigen hebräischen Hebammen hatten den eindeutigen Befehl des Pharaos erhalten, alle männlichen Neugeborenen zu töten. Doch die gottesfürchtigen Frauen ignorierten diese Anordnung. Dem Pharao traten sie mit der Begründung entgegen, dass die hebräischen Frauen so schnell ihre Kinder zur Welt brächten, dass sie gar nicht eingreifen könnten. Eine clevere Antwort, denn so konnten sie den Kindern des Volkes Israel weiter ins Leben helfen. Ihr mutiger Widerstand gegen das Gebot des Pharaos hat dazu geführt, dass ihre Namen in der Bibel erwähnt werden: Sie hießen Schifra und Pua.

Als der Pharao verstand, dass er auf diesem Wege nicht zu seinem Ziel kommen würde, erließ er eine noch schärfere Anweisung, nach der alle neugeborenen Jungen im Nil ertränkt werden sollten. Und wieder war es eine mutige Frau, die auf eine ungewöhnliche Idee kam. Sie versteckte ihren drei Monate alten Sohn Mose in einem Schilfkörbchen am Ufer des Nil. Seine Schwester Mirjam hielt Wache. Als die Tochter des Pharaos ausgerechnet an der Stelle zum Baden ging, wo das Babygeschrei erklang, war Mirjam zur Stelle und sprach sie an. Die Pharaonentochter hatte Mitleid mit dem Kind und ließ sich darauf ein, das hebräische Baby noch eine Weile von einer Amme (in Wahrheit der leiblichen Mutter) stillen zu lassen, bevor sie es zu sich an den Hof holte. Eine glückliche Lösung für alle Beteiligten: Mose war gerettet. Seinen Namen verdankt er dieser Geschichte seiner Geburt und Rettung. Mose kann heißen: »der aus dem Wasser Gezogene«, aber auch: »der aus dem Wasser zieht«.

Ich vermute, dass Sie eine solch spektakuläre Rettung wohl nicht gleich am Anfang Ihres Lebens erlebt haben. Dennoch lohnt es sich, einmal Rückschau zu halten und anzusehen, was sich bei Ihrer Geburt abgespielt hat. Waren alle in der Familie mit der Schwangerschaft Ihrer Mutter einverstanden? Gab es Gefahren und Beschwernisse, die Ihren Eltern schon vor Ihrer Geburt Probleme machten? Waren Sie ein Wunschkind und haben sich alle über Ihre Geburt gefreut?

Warum es wichtig ist, über diese Dinge Bescheid zu wissen? Weil sie Auswirkungen auf unser Leben hier und heute haben können. Weil sie uns staunen lassen über den Gott, der uns auf dieser Welt haben wollte und der es geschafft hat, uns in die Welt zu setzen. Das gilt für alle Menschen, auch für die, die nicht mit

Freude erwartet wurden, deren Eltern Probleme hatten oder das neue Leben nicht wertschätzen konnten.

Der Blick zurück lohnt sich auch deshalb, weil wir unser Leben viel besser verstehen, wenn wir wissen, wo wir herkommen und wer uns mit wie viel Liebe und Aufwand den Weg ins Leben bereitet hat. Als ich nach dem Tod meiner Oma alte Unterlagen aus ihrer Kommode erbte, stellte ich fest, dass einige meiner Vorfahren aus Holland stammen. Das hat mich nicht wirklich überrascht, denn ich war auf merkwürdige Weise schon immer von diesem Land fasziniert. Ob das an den holländischen Genen liegt, die in mir schlummern?

Wer für sein Leben und für die Entscheidung seiner Eltern, das Leben zu ermöglichen, dankbar sein kann, der hat das Leben wirklich empfangen. Der kann sagen: *Ich danke dir dafür, dass ich wunderbar gemacht bin; wunderbar sind deine Werke; das erkennt meine Seele* (Psalm 139,14; LUT). (EW)

IMPULS

Schauen Sie sich heute einmal wieder Fotos aus Ihrer frühsten Kindheit an! Denken Sie an Ihre Eltern. Danken Sie ihnen in Gedanken, in Worten oder in einem Brief, den Sie ihnen schreiben. Ganz gleich, wie die Beziehung im Laufe des Lebens verlaufen ist, Sie verdanken Ihren Eltern Ihr Leben!

Sie können auch über folgende Frage nachdenken: Was bedeutet der Bibelvers für Sie: *Du sollst deinen Vater und deine Mutter ehren, auf dass du lange lebest in dem Lande, das dir der HERR, dein Gott, geben wird.* (2. Mose 20,12; LUT)

GEDANKE DES TAGES

Ich kannte dich, ehe ich dich im Mutterleibe bereitete, und sonderte dich aus, ehe du von der Mutter geboren wurdest.

Jeremia 1,5; LUT

Schließlich waren Josef und seine Brüder gestorben und niemand aus ihrer Generation lebte mehr. Doch ihre Nachkommen hatten viele Kinder; sie vermehrten sich und wurden so zahlreich, dass sie schon bald das ganze Land bevölkerten. Dann kam ein neuer König in Ägypten an die Macht, der nichts von Josef wusste. Er sagte zu seinem Volk: »Diese Israeliten sind uns zu zahlreich und zu mächtig geworden. Wir müssen uns etwas einfallen lassen, damit dieses Volk nicht noch größer wird. Sonst könnten sie sich im Kriegsfall mit unseren Feinden verbünden, gegen uns kämpfen und dann aus dem Land fortziehen.« Deshalb setzten die Ägypter Aufseher über die Israeliten ein, um sie mit schwerer Arbeit zu unterdrücken. Die Israeliten mussten für den Pharao, den König von Ägypten, die Vorratsstädte Pitom und Ramses bauen. Doch je mehr die Ägypter sie unterdrückten, desto zahlreicher wurden die Israeliten! Da bekamen die Ägypter Angst vor ihnen. Sie zwangen die Israeliten mit Gewalt zur Fronarbeit und machten ihnen durch die harte Arbeit das Leben schwer: Die Israeliten mussten aus Lehm Ziegel herstellen und auf den Feldern arbeiten.

2. Mose 1,6-14

Starke Wurzeln – starker Glaube

Ich habe im Laufe meines Lebens viele Menschen getroffen, die sich bereits aus frühster Kindheit an ihre betende Oma oder Tante erinnern können. Manche erzählten, dass ihre Eltern abends vor dem Bett gemeinsam niederknieten und miteinander für die ganze Familie beteten.

Ich wohnte als Kind in einem Zimmer mit meiner Oma, die abends für gewöhnlich noch im Bett las. Das war für mich praktisch, weil ich mir so ersparen konnte, mit der Taschenlampe unter der Bettdecke zu lesen, denn das Licht blieb noch sehr lange an. Meine Oma las ihr Andachtsbuch und betete dann für alle ihre Lieben. Und das dauerte, denn ihre Liste war lang.

Für mich als Kind war das ein großes Vorbild, denn ohne ihre Andacht mit Bibellese und Gebet schlief meine Oma niemals ein.

Auch im Leben von Mose gibt es Spuren, die zu Gott führen. Seine Familie gehörte zu den von den Ägyptern versklavten Hebräern. Sie waren als Sippe von Jakob in großer Hungersnot nach Ägypten eingewandert und später dort in Abhängigkeit und Unterdrückung geraten. Täglich mussten sie Lehmziegel brennen und ihr Soll an Arbeit erledigen. Die Aufseher sahen auf sie herab und legten ihnen unmenschliche Arbeitslasten auf.

Doch dieses Volk kannte seine eigene Geschichte. Es hielt am Glauben an den Gott seiner Väter Abraham, Isaak und Jakob fest. Die Israeliten wussten, wo sie herkamen: Josef war der Lieblingssohn von Jakob gewesen. Seine älteren Brüder hatten ihn aus Neid und Eifersucht an eine vorbeiziehende ägyptische Karawane verkauft. Doch er war durch Gottes Eingreifen nach einer schweren Zeit im Gefängnis in eine mächtige Position am Hofe des Pharaos von Ägypten aufgestiegen, denn er konnte dessen Träume deuten. Er verwaltete unter anderem die Getreidevorräte, die während der Hungersnot in der ganzen Region immer kostbarer wurden. Auch seine Brüder hungerten. Schließlich mussten sie zum Getreidekauf nach Ägypten kommen, und so trafen sie ihren tot geglaubten Bruder wieder. Später siedelte sich die ganze Familie in Ägypten an.

Mittlerweile, zur Zeit des Mose, war aus diesen Nachkommen Jakobs ein so großes Volk geworden, dass der Pharao Angst davor hatte, dass sie in einem Kriegsfall eine Gefahr von innen werden könnten, indem sie mit dem Feind paktierten.

Doch nicht nur die gemeinsame Geschichte verband dieses Volk miteinander. Es war auch und vor allem der Glaube an den unsichtbaren Gott. Während die Ägypter viele verschiedene Götter anbeteten, unter anderem auch den Pharao, hielten die Israeliten sich an ihren Glauben und beteten zu dem lebendigen Gott ihrer Vorfahren Abraham, Isaak und Jakob.

Mose war das Kind von Amram und Jochebed. Beide gehörten zum Stamme Levi, dem Stamm, aus dem später auch die Priester in Israel hervorgingen. Sie glaubten an Gott, und deshalb widersetzten sie sich dem Gebot des Pharaos und töteten den kleinen Mose nicht. Sie vertrauten sein Leben Gott an. Ihre Gebete für ihren Sohn wurden erhört. Mose wurde auf wundersame Weise gerettet. Die Grundlagen eines Glaubens an Gott gruben sich auch ihm tief in seine Seele ein.

Vorbilder im Glauben sind für Kinder sehr wichtig. An ihnen erkennen sie, was wirklich zählt im Leben. Jeder von uns hat Vorbilder gehabt. Und jeder von uns ist ein Vorbild. Ein gutes oder ein schlechtes. Gerade die Menschen, die mit uns den Alltag teilen, werden beurteilen können, was für ein Vorbild wir sind. Wenn wir möchten, dass Gutes von Generation zu Generation weitergegeben wird, dann müssen wir gute Gewohnheiten im Alltag verwurzeln. Wir können noch heute damit beginnen! (EW)

IMPULS

Viele von uns haben schon sehr früh im Leben erste Erfahrungen mit Glauben, mit Gott, mit Gebet gemacht. Denken Sie heute ein wenig darüber nach, was Ihre erste Erfahrung mit Gott war. Gab es jemanden in Ihrer Familie, der Ihnen den Glauben vorgelebt hat?

GEDANKE DES TAGES
Die Zukunft der Kirche wird aus der Kraft derer kommen, die tiefe Wurzeln haben und aus der Fülle leben.
Joseph Ratzinger, Papst Benedikt XVI.

Die Frau wurde schwanger und bekam einen Sohn. Als sie sah, was für ein schönes Kind es war, hielt sie es drei Monate lang versteckt. Schließlich konnte die Frau ihren Sohn nicht länger verstecken. Da nahm sie einen kleinen Korb aus Schilfrohr, dichtete ihn mit Erdharz und Pech ab und legte das Kind in den Korb. Dann setzte sie diesen ins Schilf am Nilufer ...

Die Tochter des Pharaos entdeckte den Korb im Schilf und befahl einer ihrer Dienerinnen ihn ihr zu holen. Als die Tochter des Pharaos den Korb öffnete, sah sie den weinenden Jungen darin. Sie bekam Mitleid und sagte: »Das muss eines der hebräischen Kinder sein.« Da fragte die Schwester des Jungen die Tochter des Pharaos: »Soll ich eine Hebräerin holen, die das Kind für dich stillt?« »Ja, tu das«, antwortete die Tochter des Pharaos. Das Mädchen lief nach Hause und holte die Mutter des Jungen. »Nimm dieses Kind mit nach Hause und stille es für mich«, sagte die Tochter des Pharaos zu ihr. »Ich werde dich für deine Hilfe bezahlen.« Da nahm die Mutter ihren Sohn mit nach Hause und stillte ihn. Als der Junge groß genug war, brachte sie ihn der Tochter des Pharaos, die ihn als ihren eigenen Sohn annahm. Die Tochter des Pharaos sagte: »Ich habe ihn aus dem Wasser gezogen«, und nannte ihn Mose.

2. Mose 2,2-10

Die Gott-Lösung

Kinder sind ein wichtiger Teil unseres Lebens und Erlebens. Ihr Lachen, ihre Neugier, ihre Tränen und ihre Fragen bereichern uns und fordern uns heraus, über das Leben nachzudenken. Kinder gehören zum Leben, zum Alltag dazu, ob wir selbst Kinder haben oder nicht. Kinder bringen uns Freude und zeigen, dass das Leben auch in der nächsten Generation weitergehen wird. Sie sind ein Hoffnungszeichen dafür, dass man unbekümmert leben kann, auch wenn das Leben es gerade nicht so gut mit einem meint. Eine Welt ohne Kinder? Undenkbar. Und dennoch: Das Leben von vielen Kindern auf dieser Welt ist bedroht. So wie das Leben von Mose damals. Lassen Sie uns heute einen Blick wagen in die bedrohte Lebenswirklichkeit vieler Kinder. Denn: Es ist gefährlich, ein Kind auf dieser Welt zu sein.

In Afrika sterben viele Kinder an Aids oder anderen Krankheiten, bevor sie das Schulalter erreichen. Für die überlebenden besteht das Problem, dass sie ohne Eltern aufwachsen, weil diese selbst durch Aids umgekommen sind. Oft müssen deshalb schon 9- oder 10-Jährige für ihre kleineren Geschwister sorgen. In den vielen Hungers- und Kriegsgebieten unserer Zeit sterben Mädchen und Jungen durch Bomben oder verhungern auf der Flucht, bevor sie die Flüchtlingslager erreichen.

In China sehnen sich Eltern danach, mehr als ein Kind haben zu dürfen. Dort gibt es aus Angst vor Überbevölkerung die Ein-Kind-Politik. Und weil es wichtig ist, im Alter versorgt zu sein, werden viele Mädchen abgetrieben und erhalten gar nicht erst die Möglichkeit, das Licht der Welt zu erblicken. Langfristig bringt diese Praxis viele Probleme mit sich, denn es wachsen ganze Jahrgänge von Männern heran, die nicht genug gleichaltrige Frauen zur Heirat vorfinden werden. Immer mehr Menschen, darunter sicher auch viele Christen, widersetzen sich diesen Gesetzen und nehmen die entsprechenden Repressalien auf sich, weil sie nicht abtreiben.

Auch in Indien ist das Leben vieler Mädchen von Anfang an gefährdet: Arme Eltern können es sich finanziell nicht leisten, Mädchen aufzuziehen, denn diese müssen bei der Hochzeit mit einer sehr großen Mitgift ausgestattet werden. Außerdem werden die verheirateten Frauen nichts weiter zum Lebensunterhalt der alten Eltern beitragen können, denn sie gehen mit der Heirat ganz in die Familie ihres Mannes über – fast wie Besitz. Also werden Mädchen abgetrieben, oder aber als Kleinkinder schlechter ernährt, später dann bei Krankheiten nicht ausreichend medizinisch versorgt. So sterben sie häufig schon im Kindesalter.

Doch auch das ist wahr: Überall auf der Welt gibt es Mütter, die für das Leben ihrer Kinder einstehen. Die Leiden auf sich nehmen, um ihren Kindern das Leben zu ermöglichen – egal, ob Junge oder Mädchen. Immer sind es auch Christen, die sich für das Recht auf Leben einsetzen. Jedes Kind, das im Bauch einer Frau zu leben beginnt, sollte das Recht haben, geboren zu werden und in Frieden zu leben. Ungeachtet seines Geschlechts.

Moses Mutter rettete ihr Kind vor dem sicheren Tod. Die erste Zeit seines Lebens konnte sie ihn noch versteckt halten. Doch dann wurde es für alle Beteiligten zu gefährlich. Sie musste ihn in einem Korb im Schilf aussetzen. Dort, wo kaum jemand hinkam, wähnte sie ihn für eine Zeit in Sicherheit. Amram und Jochebed, Moses Eltern, vertrauten Gott. Und ihr Vertrauen wurde belohnt: Mose wurde von der Tochter des Pharaos im Schilf gefunden und als Sohn angenommen. Solch eine Lösung hätte sich niemand ausdenken können. Das ist eine typische »Gott-Lösung«! Auf so etwas kann nur Gott kommen!

In dem Moment, als die Eltern von Mose am Ende ihrer Möglichkeiten waren, als sie sein Leben nicht mehr retten konnten, griff Gott ein. Er schenkte ihnen die Idee, Mose in der Höhle des Löwen zu »verstecken«. Darauf wäre kein Mensch gekommen!

Diese Erfahrung, dass Gott uns jederzeit rettende Ideen schenkt und praktische Lösungen für schier unlösbare Probleme aufzeigt, ist sicher nicht alltäglich. Andererseits wird man, wenn man einmal genau hinsieht, feststellen: Die rettenden Ideen kommen uns oft gerade mitten im Alltag. Wir dürfen deshalb heute darum bitten, dass Gott uns für die scheinbar ausweglosen Situationen in unserem Leben gute Ideen schenkt. Er kann uns Kraft und Mut geben, das Richtige zu tun und dabei ganz ungewöhnliche Wege zu gehen.

Die Eltern von Mose haben die richtige Entscheidung getroffen und dabei ihre Liebe zu dem Kind und auch die Ehrfurcht vor Gott, der das Leben schenkt, an die erste Stelle gesetzt. Ich weiß, dass viele Menschen unserer Zeit genauso handeln oder handeln würden.

Denen, die vor einer Entscheidung für oder gegen ein Kind stehen, kann das Beispiel von Mose Mut machen: Gott wird zur richtigen Zeit eingreifen und Eltern und Kind helfen. Vielleicht mit einer Lösung, die jetzt noch keiner in Betracht gezogen hat.

Die Kraft, die wir brauchen, erhalten wir von Gott genau in den Momenten, in denen wir sie benötigen. Nicht auf Vorrat, nicht ein für alle Mal. Sondern in jeder Situation und in jeder Herausforderung neu. Wenn wir Gott vertrauen, werden wir erleben, dass er zur richtigen Zeit die richtigen Ideen schenkt. Und den Mut, gegen den Strom zu schwimmen und das zu tun, was richtig ist. Auch wenn es uns Kopf und Kragen kosten kann. (EW)

IMPULS

Über welche Kinder freuen Sie sich besonders? Was können Sie ihnen Gutes tun?
Welche mutigen Entscheidungen können Sie heute im Vertrauen auf Gott treffen?

GEDANKE DES TAGES

Herr, hilf mir, große Dinge so zu tun, als wären sie klein, denn ich tue sie aus deiner Kraft; und kleine Dinge, als wären sie groß, denn ich tue sie in deinem Namen.

Blaise Pascal

In dieser Zeit wurde Mose geboren, und Gott blickte mit Wohlgefallen auf ihn. Drei Monate lang wurde er in seinem Vaterhaus aufgezogen. Als er dann ausgesetzt wurde, nahm die Tochter des Pharaos ihn zu sich und zog ihn wie ihren Sohn auf. So wurde Mose in der gesamten Weisheit der Ägypter unterrichtet, und alles, was er sagte oder tat, gelang ihm.

Apostelgeschichte 7,20-22 (DBU)

Glaube und Bildung

Geburtstage sind Tage, an denen wir ein inneres Resümee ziehen. Was habe ich erreicht? Was liegt hinter mir? Was liegt vor mir? Wie weit habe ich es gebracht?

Vierzig Jahre lebte Mose am Hofe des Pharaos. Eine lange und prägende Zeit. Er hatte nur die ersten Monate bei seinen leiblichen Eltern verbracht, die ihn mit Liebe und Hingabe aufzogen. Doch dann kam er als Adoptivsohn der Tochter des Pharaos an den großen und ganz vom Glauben der Ägypter geprägten Hof. Ist er in den vierzig Jahren zu einem waschechten Ägypter geworden? Eigentlich ja. Er genoss viele Privilegien und lernte, was die Gelehrten seiner Zeit zu bieten hatten. Er war gerüstet für das Leben am Hof, für das Leben unter den Reichen und Mächtigen dieser Welt. Er lebte als einer, der dem Sonnengott, dem Pharao, nahe war.

Der Bildungsstand des damaligen Ägypten ist erstaunlich. Heute noch kann man die Baukunst bewundern. Als ich 1982 direkt nach meinem Referendariat als Lehrerin arbeitslos wurde, ging ich für ein halbes Jahr nach Ägypten. Dort wohnte ich zunächst in Assuan und später in Kairo. Ich besuchte viele wunderbare Tempelanlagen wie die in Philae, Luxor und Edfu, mehrere Grabanlagen wie die Pyramiden mit der Sphinx, die Gräber in Luxor, alles Wunderwerke der Baukunst, die Jahrhunderte und Jahrtausende mehr oder weniger unbeschadet überlebt haben.

Architektur, Mathematik, Medizin, Astronomie und vieles mehr wird auf dem Stundenplan von Mose gestanden haben. Wir können davon ausgehen, dass er die beste Bildung erhalten hat, die man zu seiner Zeit bekommen konnte. Er durfte das Leben in vollen Zügen genießen und war sicher stark vom Leben am Hof geprägt. Da er ganz oben in der Gesellschaft angekommen war, gab es wohl wenig, was ihm nicht bekannt war.

Doch die beste Ausbildung allein macht einen Menschen nicht glücklich. Selbst der Traumjob kann nicht so erfüllen, dass man darin alle Bedürfnisse befriedigt sieht. Die Midlife-Krise kündet sich an. Bei Mose kam sie mit 40 Jahren, heute – so sagt man – kommt sie oft schon früher im Leben.

Fragen nach dem beruflichen Weg, nach der alltäglichen Sinnerfüllung kommen auf. Ist das, was ich tue, das, was ich will? Hat meine Ausbildung sich gelohnt? Macht mir meine Arbeit Spaß, gibt sie mir einen Sinn? Auch andere Fragen beschäftigen uns: Wo komme ich her? Wo sind meine Wurzeln? Was trägt mich in meinem Leben, was gibt mir Halt? Wie kann ich weiterleben, auch wenn ich meinen Ursprung vielleicht nicht gut kenne?

Möglicherweise sind Ihnen solche Fragen bekannt. Vielleicht stehen Sie selbst gerade in der Lebensmitte. Es lohnt sich allemal, sich nach der Zeit der Ausbildung und Berufsfindung damit zu beschäftigen, was das Leben sonst noch ausmacht. So hörte ich von einem erfolgreichen Geschäftsmann einmal die Aussage: »Das Einzige, was ich jetzt noch erreichen könnte, wäre, ohne das alles auszukommen, was ich erreicht habe.«

Was bleibt von mir übrig, wenn ich aus meinem Alltag herausgenommen werde und auf mich selbst gestellt bin? Bildung gibt uns ein Grundgerüst für unser Denken und Handeln. Doch vieles von dem, was uns prägt, ist schon lange vor der formalen Bildung in uns hineingelegt worden. Durch das Vorbild und den Einfluss unserer Eltern, durch ihre Werte und Normen ist uns sozusagen eine Grundausstattung mitgegeben worden, die durch die Bildung erweitert und ergänzt wird. Unsere Bildung und Ausbildung sind ein großer Schatz, den wir angesammelt haben und der durch Lebenserfahrung geläutert wird. Vieles von dem, was wir heute sind und was wir erreicht haben, fußt auf dem, was wir durch unsere Eltern und andere Menschen mit auf den Weg bekommen haben.

Bildung hat auch immer mit Herzensbildung zu tun. Das Herz steht in der Bibel für die Persönlichkeitsmitte des Menschen. Hier ist ein fester Platz für Gott vorgesehen, den nur er füllen kann. Bei aller Bildung und Ausbildung, bei aller Charakterformung des Menschen wird dieses Vakuum nicht ausgefüllt. Hier hat Gott sich einen Platz vorbehalten, der durch die Ebenbildlichkeit des Menschen vorgegeben ist und der nur durch den Glauben an Gott gefüllt wird und zum inneren Frieden führt. Herzensbildung hat mit Glauben zu tun. Mose entdeckt neben aller Bildung bei den Ägyptern, dass es diesen lebendigen Gott gibt, von dem seine Vorfahren erzählt haben. Er vertraut sich Gott an und findet seine innere Heimat, findet Frieden mit Gott.

Für uns heute ist die Frage: Wie viel Zeit und Kraft investieren wir in Bildung, Fortbildung, Ausbildung und wie viel in die Herzensbildung? Hören Sie auf Ihr Herz. Geben Sie Gott Raum, Sie von innen heraus zu bilden. (EW)

IMPULS

Stellen Sie sich folgende Fragen:
Was hat mir meine Ausbildung gebracht? Wo hat sie sich positiv auf mein Leben ausgewirkt? Wo begrenzt mich meine Ausbildung?
Schreiben Sie einen Brief an Ihre Lehrer, Ihre Meister, Ihre Professoren, und danken Sie für die Ausbildung, die Sie erfahren haben. Dabei kommt es nicht darauf an, ob Sie die Briefe wirklich absenden. Vielleicht würde jemand der Obengenannten sich aber sehr über solch einen Brief freuen?

GEDANKE DES TAGES

Der Schlüssel zu den Herzen der Menschen wird nie unsere Klugheit, sondern immer unsere Liebe sein.

Hermann von Bezzel

Durch das Vertrauen wurde Mose nach seiner Geburt drei Monate lang von seinen Eltern versteckt, denn sie sahen, dass das Kind schön war. Dabei hatten sie trotz des Befehls des Pharaos, alle jüdischen Jungen zu töten, keine Angst. Aufgrund dieses Glaubens weigerte sich Mose, als er herangewachsen war, weiter als Sohn der Pharaotochter angesehen zu werden. Er wollte lieber zusammen mit dem Volk Gottes leiden, als den nur zeitlichen Genuss eines gegen Gottes Gebote gerichteten Lebens zu genießen. Er sah die Schande des Messias als größeren Reichtum an als alle Reichtümer in Ägypten, denn er schaute auf die Belohnung. Durch den Glauben verließ er Ägypten ohne Furcht vor der Wut des Pharaos. Die Augen sozusagen fest auf den unsichtbaren Gott gerichtet, hielt er standhaft durch.

Hebräer 11,23-28 (DBU)

Glaube gibt Heimat

Seit 1993 mietet der Christus-Treff in Jerusalem vom Deutschen Johanniterorden ein kleines Gästehaus an der 8. Station der Via Dolorosa – das Johanniter-Hospiz. Neben der Aufnahme von Pilgern und Reisenden laden die Mitarbeiter jede Woche junge Deutsche ins Haus ein, die für eine Zeit lang in Israel leben und arbeiten. Die Erfahrung zeigt, dass die Volontäre erst einmal fasziniert sind von den verschiedenen Religionen, die sie in Jerusalem kennenlernen, dann aber auch verunsichert. Wenn sie um sich herum Muslime und Juden sehen, die ihren Glauben bis in den Alltag hinein ausleben, entstehen Fragen wie: Was glaube ich eigentlich als Christ? Und wenn sie dann in jeder Kirche in Jerusalem eine andere und vielleicht auch fremde Art der Frömmigkeit, eine andere Konfession und andere Glaubensrituale vorfinden, ist die Verunsicherung noch größer. Sie beginnen zu fragen: Was verbindet mich eigentlich mit den Christen, die ihren Glauben so anders leben?

Mose kannte beide Lebens- und Glaubenswelten: die der Ägypter und die der Hebräer. Die einen waren die Herren, die anderen die Sklaven. Die einen hatten einen Gott zum Anfassen. Überall im Land konnte man die Abbildungen der Götter sehen und berühren. Und auch der Pharao wurde als Sohn des Sonnengottes verehrt. Die anderen hatten einen unsichtbaren Gott, der sich immer wieder in der Geschichte des Volkes als lebendiger Gott gezeigt hatte, aber niemals auf einem Bild oder als Statue zu sehen war.

Eigentlich schwer verständlich, dass Mose sich auf den unsichtbaren Gott der Hebräer einließ. Er hatte wohl erkannt, dass dieser Gott echte Kraft hatte, im Gegensatz zu den stummen Göttern der Ägypter. Mose hat also eine Entscheidung getroffen, die seinen Glauben von Grund auf erneuert hat. Er hat sich entschieden, sich festzulegen. Wie heißt es so schön: »Wer für alles offen ist, kann nicht ganz dicht sein.« Mose mischte sich nicht einen Glauben aus allem, was er erlebt, gehört, gelernt und kennengelernt hatte. Er handelte nicht wie ein postmoderner Mensch, der auf dem Markt der Religionen einkauft, sich seine Privatreligion zusammenstellt und dann am Ende noch eine gute Prise Christentum als Sahnehäubchen obendrauf setzt. Nicht seine Karriere, nicht der Erfolg, nicht das Geld gaben ihm Kraft. Mose machte ganze Sache und vertraute fest auf den unsichtbaren Gott. Es gab für Mose keine anderen Götter mehr neben ihm, dem Gott seiner Vorfahren.

Sabine von der Wense, eine ehemalige Astrologin aus Hamburg, hat es so erlebt: Als gefragte und erfolgreiche Astrologin hatte sie viele Stammkunden. Ihre Vorausberechnungen waren zuverlässig und sie konnte über Mangel an Kunden nicht klagen. Doch sie merkte mehr und mehr, wie sich Menschen in Abhängigkeit von ihren Prognosen und Voraussagen begaben. Manche konnten morgens nicht mehr das Haus verlassen, ohne vorher die Sterne zu befragen. Ihre Tätigkeit führte sie selbst – und durch sie auch andere – immer mehr in Angst und Abhängigkeit. Sabine machte sich auf und suchte den lebendigen Gott. Und sie lernte ihn in Jesus kennen. Sofort war ihr klar, dass sie mit der Astrologie nicht weitermachen konnte. Dass ihr dort Mächte begegneten, die nicht gut und hilfreich waren. Sie setzte ihr ganzes Vertrauen auf den unsichtbaren Gott, der sich in Jesus Christus offenbart, und begann ein Leben als Christin. Heute ist sie überzeugt, dass man Astrologie und den Glauben an Gott nicht vereinen kann.

Wie sollten uns tote Steine oder Amulette helfen? Warum sollte man sich mit etwas zufriedengeben, was nicht wirklich weiterführt, wenn man bei dem lebendigen Gott das finden kann, was man zum Leben braucht?

In der Verbindung mit Gott steht uns alles zur Verfügung, auch Kraft für den Alltag. Er will uns jeden Tag neu das geben, was wir heute und jetzt benötigen.

Alles um uns herum verändert sich. Andauernd, immer wieder neu. Wir ziehen um, wir treten eine neue Arbeitsstelle an, wir nehmen von Menschen Abschied und lernen neue Freunde kennen. Wir sind wie Durchreisende, die Orientierung benötigen. Wir brauchen einen festen Punkt, eine innere Heimat, wo wir uns geborgen und sicher fühlen. Diese Heimat finden wir nicht nur an dem Ort, wo wir geboren wurden und aufgewachsen sind. Heimat kann uns im Glauben an Jesus geschenkt werden. Eine Heimat, die überall dort ist, wo wir gemeinsam mit Menschen unseren Glauben leben.

Heute kann mir neue Heimat zuwachsen, weil ich mich neu und anders bei Gott festmache. Er ist der feste Grund, der sich nicht verändert. Glaube an Gott schenkt Heimat. (EW)

IMPULS

Stellen Sie sich einmal folgende Frage: Vertraue ich Gott allein? In was setze ich mein Vertrauen? In Horoskope, in andere Menschen, in meine Fähigkeiten ...?

Trennen Sie sich aktiv von Amuletten, esoterischen Medaillons, Ketten und heilenden Steinen etc. und setzen Sie Ihr Vertrauen auf Jesus allein. Je schwerer es Ihnen fällt, sich von etwas zu trennen, desto wichtiger ist es vielleicht, genau das zu tun.

Was ist Ihnen so wichtig, dass es zum Götzen geworden ist? Wofür setzen Sie die meiste freie Zeit am Tag ein? Für den PC? Fürs Shoppen? Für die Schönheit? Überprüfen Sie, ob sich der Einsatz dafür lohnt.

GEDANKE DES TAGES

Frömmigkeit ist der Entschluss, die Abhängigkeit von Gott als Glück zu bezeichnen.

Hermann von Bezzel

Entdecken Sie die wahre Quelle der Kraft

Als Mose erwachsen geworden war, ging er zu seinen Landsleuten und sah, wie hart sie arbeiten mussten. Dabei beobachtete er auch, wie ein Ägypter einen Hebräer schlug. Mose schaute sich nach allen Seiten um. Und als er sich vergewissert hatte, dass niemand in der Nähe war, erschlug Mose den Ägypter und verscharrte ihn im Sand. Am nächsten Tag ging Mose wieder hinaus und sah, wie zwei Hebräer miteinander stritten. »Warum schlägst du einen Mann aus deinem eigenen Volk?«, fragte er denjenigen, der im Unrecht war. »Wer hat dich denn zu unserem Aufseher und Richter ernannt?«, entgegnete der Mann. »Willst du mich etwa auch umbringen wie den Ägypter?« Mose erschrak und dachte: »Nun ist die Sache doch herausgekommen!« Als der Pharao davon erfuhr, wollte er Mose töten lassen.

2. Mose 2,11-15a

Vom Handeln aus eigener Kraft

D er Alltag zehrt an uns, verbraucht unsere Kraft. So viel stürmt auf uns ein, so viel muss erledigt werden. Manchmal haben wir den Eindruck, die ganze Welt will etwas von uns. Am liebsten würden wir uns verkriechen, die Tür schließen, ausschlafen und sehen, was passiert. Aber das geht nicht. Wir müssen uns dem Alltag stellen, und dazu brauchen wir Kraft. In dieser zweiten Woche geht es genau darum: um die Quelle der Kraft, die es zu entdecken gilt.

Ganz grob lässt sich das Leben des Mose in drei Abschnitte einteilen. Die ersten 40 Jahre verbringt er in Ägypten, die zweiten 40 Jahre in der Wüste und die dritten 40 Jahre führt er die Israeliten ins verheißene Land. Der wohl bekannteste Prediger des 19. Jahrhunderts, Dwight L. Moody, schrieb einst dazu: »Mose verbrachte die ersten 40 Jahre seines Lebens mit der Überzeugung, er sei jemand Besonderes. In den zweiten 40 Jahren musste er erkennen: Ich bin ein Niemand, und im dritten Abschnitt seines Lebens erkannte er, dass Gott jemand ist, der mit einem Niemand etwas bewirken kann.«[1]

Der erste Abschnitt seines Lebens geht hier zu Ende. Mose wird das Land verlassen müssen, sicherlich nicht freiwillig, wie wir aus dem, was nun kommt, schließen müssen. Es ist das eine, um Gottes Willen zu wissen; es ist das andere, ihn auf Gottes Art und zu seiner Zeit zu tun. Es wird Moses Berufung sein, Israel aus Ägypten in das Land der Verheißung zu führen, aber von dieser Aufgabe weiß er zu diesem Zeitpunkt noch nichts. Fakt ist, dass er in seiner Betroffenheit zum Mörder wird. Der Zorn über die ägyptische Willkür überwältigt ihn. Mit voller Absicht tötet er einen der

Aufseher. Wir haben keine Ahnung, wann es ihm in den Sinn kam, nach seinen Landsleuten zu schauen. Darüber sagt die Bibel nichts. Aber mit dem Mord an dem Ägypter ändert sich alles. Mose versucht noch, seine Tat zu vertuschen, vergräbt die Leiche im Sand, aber das Unheil nimmt seinen Lauf.

Wir wissen um diesen Konflikt. Wir wollen das Richtige tun – aber uns fehlt oft die Geduld, um auf den richtigen Zeitpunkt zu warten. Als Christen wollen wir nach dem Willen Gottes leben, aber nicht selten mangelt es uns an Vertrauen. Meist geben wir vor, genau zu wissen, was gut für uns ist. Das gilt für die Wahl des Berufes, des Partners oder überhaupt für die Frage, wie wir unser Leben einrichten. Ein konkretes Beispiel: Da ist eine junge Frau, die weiß, dass Gott ihr nicht die Gabe der Ehelosigkeit geschenkt hat. Sie wird nicht alleine bleiben und träumt von Ehe und Familie. Als sich ihre Wünsche nicht so schnell erfüllen, wie sie sich das vorgestellt hat, ergreift sie die Initiative und gibt Gott zu verstehen – ohne dass sie es so aussprechen würde –: »Herr, ich weiß um deinen Plan für mein Leben. Ich werde eines Tages heiraten. Aber das dauert mir alles zu lange. Ich wäre dir dankbar, wenn du mich jetzt ein paar Monate in Ruhe lässt. Ich werde mir einen Mann suchen, ihn heiraten und dich dann, wenn es so weit ist, bitten, unsere Ehe zu segnen. Danach bin ich gerne wieder bereit, nach deinem Willen für unser gemeinsames Leben zu fragen.« Solches Handeln geht nicht selten schief, entspricht uns aber viel mehr als das vertrauensvolle Warten auf die Stunde Gottes.

Mose fehlte es nicht an Selbstvertrauen – davon können wir ausgehen: *Mose wurde in allem Wissen der Ägypter unterrichtet und wuchs zu einem wortgewandten, tatkräftigen Mann heran* (Apostelgeschichte 7,22). Ihm stand eine glänzende Zukunft bevor. Er war der Adoptivsohn der Prinzessin. Aus einem Jungen, der bestenfalls im Ghetto von Goschen groß geworden wäre, war ein Mann geworden, der sich in den höchsten Kreisen der ägyptischen Gesellschaft bewegte. Das machte ihn verwundbar, verwundbarer, als er sich das zu diesem Zeitpunkt eingestehen konnte. Mose war sich seiner selbst zu sicher, daher versäumte er es, nach Gottes Weg und nach Gottes Zeit zu fragen. Eine persönliche Katastrophe bahnte sich an. Steckbrieflich gesucht musste er, der Adoptivsohn der königlichen Prinzessin, das Land fluchtartig verlassen.

Wie konnte es dazu kommen? Nun, er war zur falschen Zeit am falschen Ort. Ganz offensichtlich hatte ihn Gott nicht, noch nicht, zu seinen Landsleuten geschickt. Er hatte diese Entscheidung auf eigene Faust getroffen: *Als er vierzig Jahre alt war, beschloss er eines Tages, seine Brüder und Schwestern aus dem Volk Israel aufzusuchen* (Apostelgeschichte 7,23). Der Mord an dem Ägypter ging auf seine Rechnung. Gott hatte ihm keine entsprechende Weisung gegeben. Ohne Zweifel hätte er mit vielen Argumenten sein Tun rechtfertigen können, aber selbst die eigenen Leute verweigerten ihm ihre Anerkennung. *[Der Hebräer] aber sprach: »Wer hat dich zum Aufseher oder Richter über uns gesetzt? Willst du mich auch umbringen, wie du den Ägypter umgebracht hast?«* (2. Mose 2,14; LUT).

Wenn ich ehrlich bin, kann ich Mose verstehen. Da ist endlich einer, der die Unterdrückung durch die Ägypter nicht mehr so einfach hinnimmt, einer der sich wehrt. Ich kann Mose auch keine unlautere Absicht unterstellen. Ohne Zweifel lag ihm das Schicksal seines Volkes am Herzen. Aber er handelte ohne Auftrag, er handelte aus eigener Kraft, und das wurde ihm zum Verhängnis. Mir selbst geht das – leider – ebenfalls immer wieder so: »Ich meine es doch nur gut! Hier muss doch etwas geschehen! Das kann man doch so nicht stehen lassen!« Ehe ich in Ruhe darüber nachgedacht habe, handele ich, reagiere, und nicht selten war es verkehrt. Ich will lernen, nach Gottes Willen zu fragen, und zwar als Erstes, noch bevor ich handele. Ein kurzes Stoßgebet, ein stilles Überlegen helfen mir dabei. Auch heute, an diesem Tag. (KGP)

IMPULS

Nehmen Sie sich heute (und auch an anderen Tagen) sehr bewusst Zeit, und bitten Sie Gott, Ihnen einen wachen Geist für die Situationen zu schenken, in denen Sie ihn zuerst fragen sollten, bevor Sie handeln.
Wenn eine Situation Sie überrascht, halten Sie inne, denken Sie nach, zählen Sie langsam bis zehn und schicken Sie ein Stoßgebet zum Himmel. Das hilft, er hilft! Wirklich!

GEDANKE DES TAGES
Der sicherste Ort auf Erden ist im Zentrum von Gottes Willen; der gefährlichste Platz aber ist dort, wo wir außerhalb von diesem Willen sind.

Corrie ten Boom

Als der Pharao davon erfuhr, wollte er Mose töten lassen. Mose jedoch floh vor dem Pharao in das Land Midian. Dort setzte er sich an einen Brunnen.

2. Mose 2,15

Aus Fehlern lernen

Wie sehr lieben wir es, wenn uns das Leben gelingt. Wenn die Sonne scheint, wir die richtigen Entscheidungen treffen, erfolgreich sind und die Menschen uns schätzen. Aber mir ist noch niemand begegnet, dem das fortwährend so vergönnt war. Früher oder später verdunkelt sich der Himmel, Sturm kommt auf, und wir müssen erleben, wie eben nicht alles so läuft, wie wir uns das gewünscht haben.

Obwohl ich also in den vielen Jahren, in denen ich lebe, noch keinen Menschen getroffen habe, dessen Leben aus lauter glücklichen Tagen bestand, habe ich doch viele kennengelernt, die mir zum Vorbild geworden sind. Menschen, deren Nähe ich gesucht habe, Kinder Gottes, die etwas von seiner Herrlichkeit widergespiegelt haben. Was diese Menschen alle kennzeichnet, ist: Sie kennen notvolle Stationen nur zu gut, haben versagt, Fehler gemacht, viel Leid erlebt, aber sie sind aus alldem gestärkt und ermutigt hervorgegangen.

Gott erspart uns die unguten Erfahrungen des Lebens nicht. Er gesteht uns eigene Entscheidungen zu, lässt uns eigene Wege gehen, auch Wege, die uns nicht guttun und ihn missachten. Aber niemals hört seine Bereitschaft auf, uns zu vergeben und uns eine neue Chance zu ermöglichen. Nach all den Fehlern, nach Sünde und Versagen, nach all dem Tun und Machen aus eigener Kraft eröffnet er uns eine neue Perspektive für unser Leben – wenn wir bei ihm bleiben und bereit sind, aus unseren Fehlern zu lernen.

Mose musste fliehen. Anders als er gedacht hatte, war sein Mord nicht unbemerkt geblieben. Nachdem er den Aufseher erschlagen und im Sand vergraben hatte, war die Leiche entdeckt worden, und schon am nächsten Tag sprachen ihn die eigenen Leute auf seine Tat an. *»Wer hat dich denn zu unserem Aufseher und Richter ernannt?«, entgegnete der Mann. »Willst du mich etwa auch umbringen wie den Ägypter?«* (2. Mose 2,14).

Mose bekam es mit der Angst zu tun. Mit einem Mal nahm sein Leben eine dramatische Wende. Alles war anders. Er musste fliehen, weil der König ihn steckbrieflich suchen ließ. Sein Tod war beschlossene Sache. 40 Jahre, ein Leben mit allen Privilegien, die man sich damals nur wünschen konnte, waren damit vorbei. Wir haben keine Ahnung, was in Mose vorging. Von einem Tag auf den anderen musste er den ägyptischen Hof, seine Pflegefamilie, seine eigentliche Familie, alles, was ihm lieb und teuer war, aufgeben und fliehen.

Wie oft wird er in den darauffolgenden Tagen zu sich gesagt haben: »Warum habe ich das getan? Warum habe ich nicht einen Moment nachgedacht? Warum hat mich Gott nicht aufgehalten? Was würde ich dafür geben, wenn ich die ganze Sache rückgängig machen könnte!«

Wir wissen nicht, wie sein Gewissen mit der Tat klarkam. Er, wohlbehütet und versorgt aufgewachsen, hatte einen Menschen getötet. Wie stark war sein Unrechtsempfinden? Der biblische Bericht schreibt nichts davon. Noch liegen 40 Jahre Wüstenerfahrung vor ihm. Erst viel später hat er vielleicht sagen können, was Psalm 119 als ewige Wahrheit so wiedergibt: *Ehe ich gedemütigt wurde, irrte ich; nun aber halte ich dein Wort* (Psalm 119,67; LUT).

Ich hasse es, Fehler zu machen. Wie viel Ärger und Zeit hätte ich mir in meinem Leben ersparen können, wenn ich ein wenig mehr darauf gehört hätte, was Gott mir rät. Anstatt still zu werden und auf ihn zu warten, habe ich gehandelt und dafür bezahlt. Und es war zum Teil richtig teuer! Wie oft hätte ich mir lieber auf die Zunge beißen sollen, als so vorschnell ein Urteil abzugeben, so lieblos daherzureden.

Ich erinnere mich an eine Geschichte aus meiner Jugendzeit. Mit 40 jungen Leuten waren wir in die Schweiz gefahren, um Ski zu laufen. An einem Abend hatten einige der jungen Männer einen, wie sie fanden, grandiosen Einfall. Sie räumten mein Zimmer aus, und als ich am späten Abend ins Bett gehen wollte, stand ich in einem leeren Raum. Anstatt darüber zu lachen, wurde ich richtig sauer, und einer bekam den ganzen Ärger ab. Zwanzig Jahre später traf ich ihn wieder – diese Geschichte machte ihm noch immer zu schaffen. Ich konnte ihn nur um Vergebung bitten. Es tat mir unendlich leid.

Ehrlich, an dieser Stelle bin ich ein wenig mutlos. Es geht immer wieder mit mir durch und dann tut es mir leid, aber es ist dennoch geschehen. Kennen Sie die alte amerikanische Grabinschrift: »Hier liegt als stiller Ton Arabella Young, die am 24. Mai zum ersten Mal den Mund hielt«? Ich hoffe, ich lerne es ein wenig früher, lerne aus meinen Fehlern und darf erleben, dass Gottes guter Geist mein Herz verändert. David hat ein Gebet aufgeschrieben, das empfiehlt sich für mich als tägliches Morgengebet: *Herr, hilf mir, den Mund zu halten, wenn ich schweigen soll!* (Psalm 141,3; HFA).

Unsere Fehler können schreckliche Konsequenzen haben. Wie oft habe ich das miterleben müssen. Ein Mann sitzt zitternd vor mir. Seine Frau hat ihn verlassen, weil er sie mit einer Arbeitskollegin betrogen hat. Er hat sie um Vergebung gebeten, will alles wiedergutmachen, aber es ist vorbei. Sie hat die Scheidung eingereicht.

Ein bekannter deutscher Politiker musste eingestehen, dass er bei seiner Doktorarbeit die Gedanken anderer zu den seinen gemacht hatte. Er hat dafür teuer bezahlt.

Oder erinnern wir uns an den 6. Oktober 1989. Zum 40. Geburtstag der DDR war der Kreml-Chef Michail Gorbatschow angereist und warnte die ostdeutsche Staatsführung: »Wer zu spät kommt, den bestraft das Leben.« Die alten Männer ließen sich nicht warnen und mussten mit den Konsequenzen leben und sterben.

Bittere Erfahrungen! Wir werden Fehler machen, ein Leben lang. Wir meinen es gut, aber es wird nicht immer gut. Selbst Dinge, die wir mit hohem geistlichen Anspruch angehen, erweisen sich im Nachhinein als unser eigenes menschliches Tun. Zu schnell wähnen wir uns im Willen Gottes und handeln doch nur aus eigener Kraft.

Aus Fehlern lernen? Ja, das ist möglich, und die weitere Geschichte des Mose wird zeigen, dass er gelernt hat. Am Ende seines Lebens bekommt er ein Zeugnis ausgestellt, das zu diesem Zeitpunkt noch undenkbar war: *Aber Mose war ein sehr demütiger Mensch, mehr als alle Menschen auf Erden* (4. Mose 12,3; LUT). (KGP)

IMPULS

Bewahren Sie sich die Fähigkeit zur Korrektur. Hören Sie nie auf, von anderen Menschen zu lernen. Nehmen Sie auch jüngere, sogar deutlich jüngere Menschen ernst. Denken Sie nach, beten Sie, bevor Sie handeln. In unserer Gemeindeleitung gilt die Regel: Schlafe erst eine Nacht darüber, bevor du auf eine ärgerliche Mail antwortest. Das alles kann helfen, weniger Fehler zu machen.

GEDANKE DES TAGES
Gottes Führung fordert Stille.
Wo der Fuß noch selber rauscht,
wird des ewgen Vaters Wille
mit der eignen Wahl vertauscht.
Nikolaus Ludwig Graf von Zinzendorf

»Wer hat dich denn zu unserem Aufseher und Richter ernannt?«, entgegnete der Mann. »Willst du mich etwa auch umbringen wie den Ägypter?« Mose erschrak und dachte: »Nun ist die Sache doch herausgekommen!« Als der Pharao davon erfuhr, wollte er Mose töten lassen. Mose jedoch floh vor dem Pharao in das Land Midian. Dort setzte er sich an einen Brunnen.

2. Mose 2,14-15

Dunkle Geheimnisse

Schauen wir uns diese Geschichte noch einmal aus einem anderen Blickwinkel an: Am Tag nach dem Mord an dem Ägypter wird es offenbar. Mose muss erschreckt feststellen: Nun ist die Sache doch herausgekommen! Eine eisige Hand greift nach seinem Herzen. Die eigenen Leute wissen es, Pharao weiß es und die Konsequenzen sind absehbar. Er muss fliehen. Sein Versuch, die ganze Angelegenheit zu vertuschen, ist fehlgeschlagen. Mose hat buchstäblich eine Leiche im Keller bzw. im Sand.

Eines Tages wird es herauskommen – schicksalsschwer hängt diese Prophezeiung über den dunklen Geheimnissen unseres Lebens. Dunkle Geheimnisse, die wir mit uns herumschleppen, Gedanken, die wir verdrängt haben, Dinge, an die wir nicht erinnert werden möchten.

Da gibt es die Geheimnisse gestohlenen Eigentums. Gehört mir auch alles, was mir »gehört«? Diebstahl ist in unserem Land zum Kavaliersdelikt erhoben. Handwerker werden schwarz bezahlt, Versicherungen werden betrogen. Ich bekomme mit, wie jemand einer guten Bekannten erzählt, dass er sich auf die eigene Brille gesetzt hat. Die Frau bietet sich an, die Sache ihrer Haftpflichtversicherung als Schadensfall zu melden. So erhält man sich die Freundschaft.

Da gibt es Geheimnisse unserer heimlichen Leidenschaften. Es ist so leicht geworden, in trüben Tümpeln zu fischen. Allein im fremden Hotelzimmer, die Bilder aus dem Internet – Gift für unsere Seele und Gift für unsere Ehe.

Dann die Geheimnisse verpasster Liebe. Wie viele Tränen werden an den Gräbern geweint, weil es einfach zu spät ist. Zu spät, um dem Menschen, der nun nicht mehr ist, Liebe zu zeigen. Wilhelm Busch, der nach dem Krieg Jugendpfarrer in Essen war, erzählt diese Geschichte, die er als eine der bittersten Erfahrungen seines Lebens wertet: Als Student war er in den Semesterferien nach Hause gekommen, um dort zu lernen. Eines Abends bat ihn sein Vater, mit ihm einen Spaziergang zu machen, aber Wilhelm lehnte mit der Begründung ab, dass er noch zu lernen habe. Einige Tage später starb der Vater ganz plötzlich. Wilhelm Busch stand an seinem Grab und hätte so gerne noch mit ihm geredet. Immer wieder hat er sich später gefragt, was der Vater mit ihm hatte besprechen wollen.

Schließlich noch ein viertes Geheimnis, das der dunklen Taten. Nie hätte man so etwas vermutet, keiner hat es für möglich gehalten, aber dann wird es offenbar.

Hinter einer gutbürgerlichen, frommen Fassade verbergen sich schreckliche, dunkle Geheimnisse.

In dem Film Forrest Gump kehrt eine junge Frau, Jenny, nach vielen Jahren in ihren Heimatort zurück. Sie steht vor dem verfallenen Elternhaus und erinnert sich an die Schrecken ihrer Kindheit. Nach dem Tod ihrer Mutter hatte sie ihr Vater jahrelang missbraucht, bis die Behörden eingeschritten waren. Nun steht die junge Frau da und heiße Wut übermannt sie. Sie hebt Steine auf und schmeißt sie auf das Haus. Dann bricht sie zusammen und weint. Forrest Gump sagt: »Es gibt wohl zu wenig Steine für dieses Haus!«

Mich haut so etwas um. Es gibt zu wenig Steine für diese Welt. Da wird der Schein aufrechterhalten, da ist man bürgerlich, modern und postmodern, nennt sich evangelisch oder katholisch oder auch gar nichts, und hinter den Kulissen, in den Häuserschluchten der Großstadt, in der Villa auf dem Lande haust das pure Elend.

Welche Bilder steigen in diesem Augenblick in uns auf? Welchen »Ägypter« haben wir vergraben? Woran erinnert Sie der Geist Gottes, während Sie das lesen? Ein anderer Mann aus dem Alten Testament, David, betete aus bitterer Erfahrung: *»Erst wollte ich dir, Herr, meine Schuld verheimlichen. Doch davon wurde ich so schwach und elend, dass ich nur noch stöhnen konnte«* ... (Psalm 32,3; HFA).

Gibt es etwas, über das wir angstvoll denken: »Wenn das herauskommen sollte – mein Leben wäre vorbei!«? Oder noch schlimmer: »Wenn das herauskäme – dann käme ich rein und nicht mehr raus«?

Gehen wir noch einen Schritt weiter und fragen, was wir tun können. Wie gehen wir mit den dunklen Geheimnissen in unserem Leben um? Ich denke, es gibt vier Möglichkeiten, die vorgeben, uns zu helfen, aber im Grunde die Not nur vermehren.

Die erste Möglichkeit: Ich denke einfach nicht daran! Das ist die Kunst des Verdrängens. Aber auf Dauer werden wir feststellen, dass wir so nicht leben können. Unser Gewissen lässt uns keine Ruhe. Wir werden krank oder zynisch oder resignieren.

Die zweite Möglichkeit: Wir fliehen, versuchen zu vergessen. Das ist die Flucht in rastlose Beschäftigung, die Flucht in Drogen und Alkohol oder die Flucht in Krankheit und Depression. Weil nicht rauskommen darf, was rauskommen muss, wählen viele das Gefängnis ihres Körpers und ringen um Mitleid. Nicht selten werden auf diese Weise aus Tätern Opfer.

Die dritte Möglichkeit: Wir reagieren mit Spott und Zynismus. Ich komme aus dem Rheinland. Da singen sie nach den tollen Tagen, dem Karneval: »Wir sind alle kleine Sünderlein.« Und es fallen so Sprüche wie: »Der liebe Gott wird schon ein Auge zudrücken!« Das Unrecht wird relativiert, bagatellisiert. Und nicht zuletzt: Es gibt ja immer noch jemanden, der schlechter ist als wir, oder?

Schließlich die vierte Möglichkeit, die die ganze Zeit über schon mitklingt: Wir geben einfach nicht zu, dass wir Schuld haben! Das ist die beste und älteste Methode, die kurzfristig helfen kann, um im eigenen Leben klarzukommen. Immer sind die anderen schuld und wir sind fein raus.

Aber was passiert, wenn es offenbar wird? Mose musste das Land verlassen. Sein dunkles Geheimnis verlangte nach Sühne.

1500 Jahre später stirbt der Sohn Gottes für unsere dunklen Geheimnisse. Er stirbt, damit wir unsere Schuld nicht einfach verdrängen müssen, sondern zu ihr stehen können und Vergebung erfahren. Dann kann das passieren, was David betete: *Da endlich ge-stand ich dir meine Sünde; mein Unrecht wollte ich nicht länger verschweigen. Ich sagte: »Ich will dem Herrn meine Vergehen bekennen!« Und wirklich: Du hast mir meine ganze Schuld vergeben!* (Psalm 32,5; HFA). (KGP)

IMPULS

Gibt es da etwas in Ihrem Leben, das Ihnen zu schaf-fen macht? Schuld, die Sie bekennen, einen Men-schen, den Sie um Verzeihung bitten sollten? Tun Sie es und zögern Sie nicht länger. Friedrich von Bodelschwingh hat einst gesagt:»Du trittst in eine Schöpfungsstunde Gottes hinein, wenn du dir deine Schuld vergeben lässt. Und in dieser Schöpfungsstunde wird das Neue geboren.«

GEDANKE DES TAGES

Vergebung muss, wenn sie wirksam sein soll, nicht allein gewährt, son-dern auch empfangen werden – und ein Mensch, der nicht zugibt, schul-dig zu sein, kann keine Vergebung empfangen.

C.S. Lewis

Der Priester von Midian hatte sieben Töchter. Sie kamen zu diesem Brunnen und schöpften Wasser, um die Tränkrinnen für die Tiere ihres Vaters zu füllen. Da kamen andere Hirten und wollten sich vordrängen. Mose kam jedoch den Mädchen zu Hilfe und tränkte ihre Herde. Als die Mädchen zu ihrem Vater Reguël heimkamen, fragte er sie: »Warum kommt ihr heute so früh nach Hause?« »Ein Ägypter hat uns gegen die Hirten verteidigt«, erzählten sie ihm. »Er hat sogar das Wasser für uns geschöpft und die Herde getränkt.« »Und wo ist er jetzt?«, fragte ihr Vater. »Warum habt ihr ihn nicht mitgebracht? Ladet ihn doch zum Essen ein!« Mose entschloss sich dann, bei ihm zu bleiben. Reguël gab ihm seine Tochter Zippora zur Frau. Als sie einen Sohn bekam, nannte Mose ihn Gerschom. Denn er sagte: »Ich bin ein Gast in einem fremden Land geworden.« Nach vielen Jahren starb der König von Ägypten. Aber die Israeliten seufzten noch immer unter der harten Arbeit und schrien zu Gott um Hilfe. Er hörte ihr Schreien und erinnerte sich an den Bund, den er mit Abraham, Isaak und Jakob geschlossen hatte. Er sah die Israeliten und kümmerte sich um sie.

2. Mose 2,16-25

Zu Hause – wenn das Alltägliche unsere ganze Kraft beansprucht

Mose, der Prinz von Ägypten, herangewachsen und erzogen im Palast des Pharaos, Mitglied der Königsfamilie, tränkt eine Schafherde. Soll man's glauben? Gestern noch versteht er sich als der Retter seiner Brüder, heute kümmert er sich um sieben unbekannte Mädchen. Gestern noch will er eine Nation befreien, heute muss er sich mit einem Streit an einem unbekannten Wasserloch in der Wüste begnügen. Erstaunlich, da ist doch etwas passiert!

Ganz sicher war eine der positiven Eigenschaften dieses Mannes die Fürsorglichkeit. Mose konnte es nicht mit ansehen, wenn Menschen Unrecht geschah. Er war ein Mann mit einem großen Herzen, mit viel Empathie. Mit der Begegnung am Brunnen begann der zweite Akt göttlicher Vorbereitung auf eine hohe Berufung. Wir erinnern uns an das Zitat von Dwight L. Moody: »Mose verbrachte die ersten 40 Jahre seines Lebens mit der Überzeugung, er sei jemand Besonderes. In den zweiten 40 Jahren musste er erkennen: Ich bin ein Niemand, und im dritten Abschnitt seines Lebens erkannte er, dass Gott jemand ist, der mit einem Niemand etwas bewirken kann.«

Die zweiten 40 Jahre haben also begonnen. Aus dem Prinzen ist ein Schäfer geworden, aus dem begehrten ägyptischen Junggesellen ein geforderter Ehemann. Wir erleben die Fürsorge Gottes im Leben dieses Mannes und müssen feststellen: Mose war in der Lage, aus seinen Fehlern zu lernen. Alles Selbstsichere, der unvermeidbare Standesdünkel, das hohe Selbstverständnis sind Vergangenheit. Für lange Zeit kümmert er sich ausschließlich um seine Familie und arbeitet mit im Betrieb seines Schwiegervaters. Was für eine Karriere! Der entscheidende Satz steht in Vers 21: *Mose entschloss sich dann, bei ihm zu bleiben.* Sein Leben hatte eine neue Überschrift bekommen, die ungefähr so lauten könnte: »Unbedeutend, ein Gast in einem fremden Land.«

Unbedeutend – sind wir bereit, die scheinbar einfachen Dinge des Lebens anzugehen und sie mit Liebe und Verantwortung zu füllen? Es ist so etwas wie ein geistliches Naturgesetz: Bevor Gott uns die Welt verbessern lässt, verlangt er von uns die Treue im Kleinen, den Mut zum Dienst, die zweite Meile. Das ist es auch, was Jesus in Lukas 16,10 sagt: *Wer im Geringsten treu ist, der ist auch im Großen treu* (LUT).

Als Kinder Gottes werden wir alle diese Erfahrung machen: Wir sind in Gottes Schule, lernen täglich dazu, und selbst unsere Fehler, unser Versagen, mühselige Wege, schwere Zeiten – sie alle dienen dazu, uns den Zielen Gottes für unser Leben näherzubringen.

Mose hütete die Schafe seines Schwiegervaters, während sich in Ägypten die Verhältnisse dramatisch veränderten. Der alte Pharao war gestorben, die Umstände für die Israeliten wurden immer schlechter. Ihre Verzweiflung konnte Mose nicht verborgen bleiben. Aber was tat er? Er wartete ab. Er organisierte keine Rettungsaktion. Er kehrte nicht als Terrorist nach Ägypten zurück. Nein, er wartete auf Gottes Handeln. Inzwischen hatte er gelernt, was Charles Swindoll so resümiert: »Ein rechter Schlag zur rechten Zeit ist besser als 1000 Schläge in unreifer Ungeduld.«[2]

Viele Jahre später schrieb Petrus: *Alle aber miteinander haltet fest an der Demut; denn Gott widersteht den Hochmütigen, aber den Demütigen gibt er Gnade. So demütigt euch nun unter die gewaltige Hand Gottes, damit er euch erhöhe zu seiner Zeit* (1. Petrus 5,5-6; LUT). Missachten wir dieses geistliche Prinzip, kann es uns gehen wie einem anderen Mann. Nach ihm ist ein beispielloses Sozialprogramm benannt worden. Ab 1993 war er der Personalvorstand der Volkswagen AG. 1994 verlieh ihm die Universität Trier die Ehrendoktorwürde. 2002 wurde er mit dem Bundesverdienstkreuz erster Klasse ausgezeichnet. 2004 wurde ihm vom Ministerpräsidenten des Saarlandes der Ehrentitel »Professor« verliehen. Am 25. Januar 2007 verurteilte ihn das Landgericht Braunschweig wegen Untreue und Begünstigung in 44 Fällen zu zwei Jahren Gefängnis auf Bewährung und einer Geldstrafe von 576 000 Euro. Wenig später gab Peter Hartz das Bundesverdienstkreuz freiwillig zurück, bevor es ihm aberkannt werden konnte.

Arroganz und mangelnde Integrität – das sind zwei Merkmale von Hochmut. Doch Hochmut kommt bekanntlich vor dem Fall. Selbst wenn wir in unserem Leben große Erfolge verbuchen können – ihre Halbwertszeit ist gering. Die Alternative lautet: unterwegs in Demut. Geistliche Reife wächst im Herzen der Demütigen. Demut erlaubt es Gott einzugreifen.

Luther hat auf seinem Sterbebett gesagt: »Wir sind Bettler, das ist wahr.« Lernen wir von ihm, lernen wir von Mose. Das Alltägliche fordert unsere ganze Kraft, so lange, bis Gott einen neuen Auftrag für uns hat, einen Weg, den er mit uns geht. Dabei sind zwei geistliche Wahrheiten wichtig: Zum einen wissen wir um die Gnade Gottes und haben keinen Grund, uns auf unsere Leistung etwas einzubilden. Wir wollen Demut lernen und Demut leben. Zum anderen erinnert uns unser ständiger Mangel an Kraft daran, wie sehr wir darauf angewiesen sind, dass Gott uns immer wieder mit derselben beschenkt. (KGP)

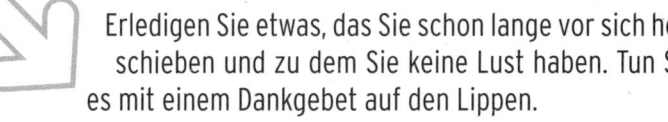

IMPULS

Erledigen Sie etwas, das Sie schon lange vor sich herschieben und zu dem Sie keine Lust haben. Tun Sie es mit einem Dankgebet auf den Lippen.

GEDANKE DES TAGES

Nur ein dummdreistes Geschöpf könnte sich vor den Schöpfer hinstellen mit den prahlerischen Worten: »Ich bin kein Bettler. Ich liebe dich selbstlos!« Wer der schenkenden Liebe Gottes am nächsten kommt, wird im selben Moment dem einzigen wahren Geber seine Armseligkeit bekennen. Und so will es Gott haben.

C.S. Lewis

Mose hütete die Herde seines Schwiegervaters Jitro, des Priesters von Midian. Eines Tages trieb er die Tiere durch die Wüste und kam zum Horeb, dem Berg Gottes. Da erschien ihm der Engel des Herrn in einer Feuerflamme, die aus einem Dornbusch schlug. Mose sah, dass der Busch zwar in Flammen stand, aber nicht verbrannte. »Das ist ja seltsam«, sagte er zu sich selbst. »Warum verbrennt dieser Busch nicht? Das muss ich mir näher ansehen.« Als der Herr sah, dass Mose herankam, um es genauer zu betrachten, rief er ihn aus dem Busch heraus: »Mose! Mose!« »Hier bin ich!«, antwortete Mose. »Komm nicht näher!«, befahl Gott ihm. »Zieh deine Sandalen aus, denn du stehst auf heiligem Boden. Ich bin der Gott deiner Vorfahren – der Gott Abrahams, der Gott Isaaks und der Gott Jakobs.« Als Mose das hörte, verhüllte er sein Gesicht, denn er hatte Angst, Gott anzuschauen.

2. Mose 3,1-6

Eine zweite Chance

Mose hatte geheiratet, eine Familie gegründet und getan, was getan werden musste. Er hatte eine Frau und einen Sohn; Genaues wissen wir nicht über sie. Sein Schwiegervater, Jitro, war der Priester in Midian. Er wird im Leben seines Schwiegersohns noch eine wichtige Rolle spielen – aber davon später mehr.

40 Jahre lang ging Mose seinem Beruf nach: Schafe hüten. Hebräisch und Alt-Ägyptisch wird er gesprochen haben, aber für vieles, was er einst am Königshof in Ägypten gelernt hatte, gab es keine Verwendung mehr. Er lebte in der Wüste unter einem Volk kriegerischer Wüstennomaden. Midian wird im 1. Buch Mose 25 als vierter Sohn Abrahams und seiner zweiten Frau Keturah genannt. 1. Chronik 1 bezieht sich auf diese Stelle und sieht Midian in der Ahnenreihe Israels. Er war von Abraham, wie einst Ismael, nach Osten geschickt worden. Dadurch wollte der Patriarch Konflikte zwischen Isaak und seinen Brüdern vermeiden. Hier also, im Südosten Palästinas, verbrachte Mose ein Drittel seines Lebens.

Und hier, in der Wüste, begegnet Mose der allmächtige Gott. Hier wird er berufen. Er darf erleben, was der Musiker Brian Doerksen in einem seiner Lieder so ausdrückt: »Aus der Wüste ruft mein Herz zu dir. Schenk mir Offenbarung. Ich brauch ein Wort von dir, das mich belebt. Bitte nimm mir jeden Zweifel, Herr. Gib mir klare Richtung. Zeig mir meinen Platz in deinem Plan.«

Völlig unverhofft, mitten im Tagesgeschäft, offenbart sich Gott. Die Zeit der Vorbereitung geht zu Ende. Es ist die Stunde der zweiten Chance. Hatte Mose sich aufgegeben? Haben wir ihn aufgegeben? Nach allem, was wir aus Politik und Beruf kennen, ist ein solcher Mann draußen, für immer. Wir wissen von solchen Biografien aus der Welt der Prominenten: ein Manager, ein Außenminister, ein bekannter Fernsehmoderator, eine berühmte Popikone, ein beliebter Fernsehprediger. Nie wieder werden sie wohl an frühere Triumphe anknüpfen können. Es ist vorbei, für immer.

Doch bei Gott scheint es anders zu laufen. Er ist der Gott der zweiten Chance, der treue Gott, der an seiner Berufung festhält und uns einen Neuanfang möglich macht. Der Beleg? Ich erinnere an die »Helden der Bibel« (vgl. Hebräer 11) und die dunklen Seiten in ihrer Biografie. Abraham – mal ehrlich. Er war ein Lügner. Er verleugnete die eigene Frau, um seine Haut zu retten, und wurde dennoch ein »Freund Gottes« genannt. Oder Jakob, noch einer der Patriarchen. Er war ein Betrüger. Seinen eigenen Bruder brachte er um das Erstgeburtsrecht und musste fliehen wie ein Verbrecher. Später bekam er einen neuen Namen: Israel – und wurde somit einer der Stammväter des Volkes Gottes. Oder Rahab, zu Hause im Rotlichtviertel von Jericho. Sie schlug sich auf die Seite der israelischen Eroberer und taucht so im Stammbaum Jesu auf. Und was ist mit David? Der größte König Israels, ein Mann nach dem Herzen Gottes, aber auch ein Ehebrecher und Mörder.

Mose begegnet dem Gott der zweiten Chance, dem Gott, der Raum gibt zu Umkehr und Neuanfang, egal, wie dunkel unsere Biografie auch sein mag. Paulus, selbst ein Mann, der diese zweite Chance genutzt hat, schreibt an die Gemeinde in Korinth: *Wir haben aber diesen Schatz in irdenen Gefäßen, damit die überschwängliche Kraft von Gott sei und nicht von uns* (2. Korinther 4,7; LUT). Es ist seltsam und trostvoll zugleich, dass unsere Schwäche Gott offenbar nicht daran hindert, mit uns Geschichte zu schreiben. Im Gegenteil. Gott liebt es, durch die Menschen zu handeln, die wir gar nicht auf dem Schirm haben. Überschwänglich ist seine Kraft – das ist wahr!

Nach 40 Jahren bricht Gott sein Schweigen, an einem ganz normalen Tag, ohne irgendwelche Vorzeichen, einfach so. Ein brennender Busch, der doch nicht verbrennt – wie fremd ist das, aber typisch Gott. Gerade noch ist alles so, wie wir es gewohnt sind, vertraut, beschaulich, und im nächsten Augenblick verändert sich alles, weil Gott zu uns spricht – auf die eine oder andere Weise.

Mose betritt heiligen Boden, zitternd vor Angst. Der ewige Gott hat ihn angesprochen, ihn gerufen. Der Mann, der über 40 Jahre die Schafe seines Schwiegervaters gehütet hat, der keine wirklich neue Perspektive gehabt hat; der Mann, der Ägypten nicht mehr betreten durfte und letztlich in der Verbannung lebte – diesen Mann spricht Gott an: »Mose! Mose!«

Der allmächtige Gott ruft ihn mit Namen und hat offensichtlich noch etwas mit ihm vor. Was viel später als Verheißung über ganz Israel ausgesprochen werden wird, trifft hier schon auf Mose zu: *Fürchte dich nicht, denn ich habe dich erlöst; ich habe dich bei deinem Namen gerufen; du bist mein!* (Jesaja 43,1; LUT).

Sie befinden sich in einer solchen Lage, festgefahren, ohne wirkliche Perspektive? Träume sind unerfüllt geblieben, das Leben hat es nicht gut mit Ihnen gemeint? Ein langer Weg durch die Wüste Ihres Alltags liegt hinter ihnen, vielleicht auch noch vor Ihnen? Diese Geschichte vom brennenden Dornbusch will uns lehren: Gott ist der Gott der zweiten Chance, der Gott, der uns neu anfangen lässt.

Am Ende seines Lebens, nach guten, aber auch sehr schweren Zeiten, dichtet der alt gewordene König David ein Lied, das wie ein Vermächtnis klingt: Psalm 18.

Darin steht ein Vers, den ich mir für mein Leben wünsche, den ich auch Ihnen wünsche, als stille Verheißung im Auf und Ab Ihres Alltags: *Er führte mich hinaus ins Weite, er riss mich heraus; denn er hatte Lust zu mir* (Psalm 18,20; LUT). (KGP)

IMPULS

 Setzen Sie sich in einen Sessel und hören Sie sich in Ruhe das Lied »In der Wüste«[3] von der CD »Jesus, ich vertraue dir« an:

Ich bete zu dir in der Wüste,
wenn alles in mir trocken scheint.
In meiner Not such ich Zuflucht bei dir,
denn du bist der Gott, der versorgt.

Ich bete zu dir in den Flammen,
in Anfechtung, Schmerzen und Not.
Ich hoff auf dich, bist mir mehr wert als Gold.
Herr, reinige mich, mach mich neu.

Ich bete an, ich bete an,
alles was gegen mich ist, soll vergehn.
Ich will mich freun, verkünde es laut:
Gott ist mein Sieg, ich kann nach vorne sehn.

GEDANKE DES TAGES

Sie begegnen nicht jeden Tag einem Menschen, der Ihnen eine zweite Chance gibt – noch viel weniger jemandem, der Ihnen täglich eine zweite Chance gibt. Bei Jesus finden Sie beides.

Max Lucado

»Nun geh, denn ich sende dich zum Pharao. Du sollst mein Volk, die Israeliten, aus Ägypten führen.«

»Wer bin ich, dass ich zum Pharao gehen und die Israeliten aus Ägypten führen sollte?«, fragte Mose Gott.

Er antwortete: »Ich werde mit dir sein. Und dies soll der Beweis sein, dass ich dich gesandt habe: Wenn du die Israeliten aus Ägypten geführt hast, werdet ihr mir an diesem Berg dienen.«

Aber Mose wandte ein: »Wenn ich zu den Israeliten gehe und ihnen sage: ›Der Gott eurer Vorfahren hat mich zu euch gesandt‹, und sie mich dann fragen: ›Wie heißt er denn?‹, was soll ich ihnen dann antworten?«

Gott entgegnete: »Ich bin, der ich immer bin. Sag ihnen einfach: ›,Ich bin‘ hat mich zu euch gesandt.‹«

Und er fügte hinzu: »Sag ihnen: ›Der Herr, der Gott eurer Vorfahren – der Gott Abrahams, der Gott Isaaks und der Gott Jakobs –, hat mich zu euch gesandt.‹ Das ist mein Name für alle Zeiten; alle kommenden Generationen sollen mich so nennen.«

2. Mose 3,10-15

Begegnung mit dem ewigen Gott

Verlassen wir für ein paar Momente die Wüste, den brennenden Dornbusch und die so völlig ungewöhnliche Situation, in der sich Mose befand. 1000 Jahre später hat der ewige Gott die Erde wieder und einmalig berührt, in seinem Sohn Jesus Christus. Auch ihm haben sie nicht geglaubt, ihn nach seiner Legitimation gefragt. Er sprach mit den jüdischen Führern über seine Autorität und die Ewigkeit, und darüber haben sie sich fürchterlich aufgeregt. Sie beriefen sich auf Abraham als Kronzeugen, gegen Jesu ungeheures Selbstverständnis. Er reagierte auf eine Weise, die uns bis heute fordert, denn hier scheiden sich die Geister. Entweder ist dieser Jesus tatsächlich derjenige, der er vorgibt zu sein: Gott von Ewigkeit her. Dann bekommt das, was er sagt, einen herrlichen, ewigen Sinn. Oder aber er ist verrückt und gefährlich, ein religiöser Spinner.

Was antwortete Jesus den Schriftgelehrten, seinen strengsten Kritikern? *Abraham, euer Vater, wurde froh, dass er meinen Tag sehen sollte, und er sah ihn und freute sich. Jesus sprach zu ihnen: »Wahrlich, wahrlich, ich sage euch: Ehe Abraham wurde, bin ich«* (Johannes 8,56.58; LUT).

Eine unbequeme, seltsame Aussage: »Ehe Abraham wurde, bin ich.« Jesus nimmt also für sich in Anspruch: Ich war schon da, bevor Abraham überhaupt geboren wurde. Aber Jesus sagt nicht »war ich«, was grammatikalisch zu erwarten wäre, sondern »bin ich«. Mit anderen Worten: »Ich bin der Herr über die Zeit. Ich bin ewig!« Die Leute wollten ihn umbringen, als er das sagte. Es hat sie fürchterlich aufgeregt und geärgert. »Ehe Abraham wurde, bin ich.« Ja, geht's noch?

»Bin ich« – da schwingt auch der alte Gottesname der Hebräer mit: »Jahwe – ich bin, der ich bin«, oder, denn so kann man diesen Namen auch übersetzen: »Ich werde sein, der ich sein werde.« Dieser Name war und ist so heilig, dass ihn bis heute kein Jude ausspricht. In diesem Namen klingt die Ewigkeit Gottes an und Jesus stellt sich damit auf eine Stufe mit Gott: »Ehe Abraham wurde, bin ich!«

Mose begegnete dem ewigen, dreieinigen Gott. Überall in der Bibel finden wir Hinweise auf die Ewigkeit Gottes. Er allein ist unvergänglich und wird niemals sterben. Paulus schreibt in 1. Timotheus 6,15-16: *Die Zeit dafür [wenn Jesus Christus wiederkommt] bestimmt Gott selbst, der einzige und allmächtige Gott, der König aller Könige, der Herr aller Herren. Er, der allein unsterblich ist, der in einem Licht lebt, das niemand sonst ertragen kann, den kein Mensch je gesehen hat und auch keiner auf dieser Erde sehen kann, ihm allein gehören Ehre und ewige Herrschaft. Amen* (HFA).

Gott feiert nicht Geburtstag! Er ist nicht jung oder alt! Er bezieht auch keine Rente! Seine Jahre sind nicht abzusehen. Er war immer und wird immer sein. Hiob kommt zu dem Schluss, dass es leichter ist, das Salz in den Ozeanen der Weltmeere zu messen, als die Existenz Gottes zu ergründen.

Während ich diese Sätze schreibe, wärmt mich eine warme Jacke. Sie ist irgendwo in einer Fabrik entstanden! Die Blumen auf meinem Schreibtisch haben sich aus einem Samenkorn entwickelt. Ein Baby wird gezeugt, und im Bauch seiner Mutter wächst es heran, um geboren zu werden.

Wo ist Gott entstanden? Wer hat ihn gemacht? Niemand! Nirgendwo! Gott sagt: *Ich bin, ehe denn ein Tag war!* (Jesaja 43,13; LUT). Da ist es wieder, dieses »Ich bin«. Der alte Gottesname, mit dem sich Gott Mose an diesem denkwürdigen Tag im Dornbusch vorstellt. Jahwe: »Ich werde sein, der ich sein werde – ich bin, der ich bin.«

Gott sieht die Geschichte nicht in aufeinanderfolgenden Momenten, die der Reihe nach, einer nach dem anderen geschehen. Er sieht unsere Geschichte nicht wie eine Abfolge von kurzen Sequenzen, sondern als ein einziges Bild. Er sieht Ihr Leben mit einem einzigen Blick, Ihre Geburt, die Kindheit, die mittleren Jahre, das Alter und den Tod. Er kennt den Anfang und auch das Ende!

Ich werde sein, der ich sein werde – das klingt kompliziert, und vielleicht kann uns ein Vergleich helfen. Wenn wir ein Buch lesen, zum Beispiel die Geschichte einer Familie in drei Generationen, dann können wir dem zeitlichen Fluss des Romans folgen und auf Seite 1 beginnen. Wir können das Buch aber auch an einer beliebigen Stelle aufschlagen; die zeitlichen Unterschiede sind dann ohne jede Bedeutung für uns. Nebenbei bemerkt: Ich schaue gerne erst einmal nach, wie ein Buch ausgeht, bevor ich es lese. Ich liebe Happy Ends! Wichtig ist: Wenn ich hinten beginne, ist es für mich Gegenwart, und wenn ich dann vorne weiterlese, ist es genauso Gegenwart. Gott ist der ewige Gott, er weiß, wie es ausgeht, mit uns und mit dieser Welt. Die Geschichte liegt vor ihm wie ein aufgeschlagenes Buch und jede Seite ist ihm vertraut. Er ist der Herr über die Zeit.

Mose sah den brennenden Dornbusch, den die Flammen nicht auffraßen. Da sollte eigentlich etwas vergehen, aber es verging nicht. Da blieb, was war, da sprach

der Ewige und berief einen Mann, der sich 40 Jahre ge-
quält hatte und nun völlig überrascht wurde von Gottes Intervention. Mose zögerte, Mose hatte Angst, weil
er keine Ahnung hatte, was kommen würde. Aber Gott
wusste es, wusste um das neue Land, die Befreiung aus
der Knechtschaft – Gott hatte das Buch längst hinten
aufgeschlagen und kannte das Happy End.

Wenn Gott Ihnen begegnet, Sie beruft, Ihnen seine
ewige Treue zusichert, dann zögern Sie nicht. Es kann
nur gut ausgehen, denn er hat es gesagt: »Ich werde
sein, der ich sein werde.« (KGP)

IMPULS

Gehen Sie eine Runde spazieren, setzen Sie sich auf
eine Bank oder einen Stein und denken Sie an ihn,
den ewigen Gott. Was bedeutet es für Sie, dass er Sie
gerufen hat, dass Sie eine ewige Zukunft vor sich haben
und dass er in Ihre Geschichte hineinspricht? Vielleicht überrascht er Sie mit einem »brennenden Dornbusch«.

GEDANKE DES TAGES

Der du allein der Ewge heißt
und Anfang, Ziel und Mitte weißt
im Fluge unsrer Zeiten:
Bleib du uns gnädig zugewandt
und führe uns an deiner Hand,
damit wir sicher schreiten.

Jochen Klepper

»Da fragte der Herr ihn: »Was hast du da in der Hand?« »Einen Hirtenstab«, antwortete Mose. »Wirf ihn auf den Boden«, befahl ihm der Herr. Mose gehorchte und der Stab verwandelte sich in eine Schlange. Mose lief vor ihr davon. Da befahl ihm der Herr: »Pack sie beim Schwanz.« Mose packte die Schlange und sie wurde in seiner Hand wieder zum Hirtenstab. »Wenn sie das sehen, werden sie glauben, dass dir der Herr, der Gott ihrer Vorfahren – der Gott Abrahams, der Gott Isaaks und der Gott Jakobs –, erschienen ist.« Dann sprach der Herr zu Mose: »Steck deine Hand in dein Gewand.« Mose gehorchte, und als er sie wieder herauszog, war sie aussätzig – sie war weiß wie Schnee. »Steck deine Hand noch einmal in dein Gewand«, forderte der Herr ihn auf. Als Mose seine Hand dieses Mal herauszog, war sie wieder so gesund wie der Rest seines Körpers. »Wenn sie dir nicht glauben und sich von dem ersten Wunder nicht überzeugen lassen, dann glauben sie dir nach dem zweiten«, sprach der Herr. »Wenn sie dir jedoch auch nach dem zweiten Wunder nicht glauben und nicht auf dich hören wollen, dann schöpf Wasser aus dem Nil und gieß es auf den trockenen Boden. Dann wird das Wasser, das du aus dem Fluss geschöpft hast, auf dem trockenen Boden zu Blut werden.«

2. Mose 4,2-9

Vertrauen lernen

Mose, mein Freund, was willst du denn noch? Du siehst den »Engel des Herrn« – den habe ich noch nie gesehen –, der Dornbusch brennt, ohne zu verbrennen, und dann spricht, um dem Ganzen die Krone aufzusetzen, auch noch der Allmächtige zu dir. Hey, gibt es da noch Fragen, irgendwelche Einwände? Komm in die Puschen, auf geht's!

Ja, es gibt noch Fragen, und das weiß ich und das wissen Sie. Wir können viel mit Gott erlebt haben, doch im entscheidenden Augenblick geht alles von vorne los. Wie gut kann ich mich an Augenblicke erinnern, wo das, was passiert war, wie ein Gottesbeweis schien. Gott hatte Gebet erhört, Menschen waren gesund geworden, Wunder geschehen – doch die Zweifel blieben. Ob ich Gott vertrauen will, ob ich es wage, mit ihm Neues anzugehen –, das entscheidet sich immer wieder neu in der konkreten Situation.

Ein Trost allerdings bleibt: Den Menschen in der Bibel, die uns geistliche Vorbilder sind, scheint es nicht anders ergangen zu sein. Zacharias muss ich Ihnen in diesem Zusammenhang vorstellen. Jahrzehntelang haben er und seine Frau Elisabeth auf ein Kind gewartet, und dann endlich, als längst keine Hoffnung mehr besteht, bekommen sie durch einen Engel (!) diese Verheißung: *Hab keine Angst, Zacharias! Gott hat dein Gebet erhört. Deine Frau Elisabeth wird dir einen Sohn schenken, und du sollst ihn Johannes nennen* (Lukas 1,13). Zacharias ist begeistert, fällt auf die Knie, betet Gott an, rennt nach Hause, schläft mit seiner Frau und alles wird gut – sollte man meinen! Aber nein, erst einmal passierte nichts von alledem. Zacharias konnte das nicht glauben – Engel hin oder her – und sagte:

»*Wie kann ich sicher sein, dass das wirklich geschehen wird? Ich bin jetzt ein alter Mann, und auch meine Frau ist schon in fortgeschrittenem Alter*« (Lukas
1,18). Es scheint so, als würde Zacharias Gott ins Wort
fallen: »Ist ja gut, danke für die nette Absicht, aber …
ich bin zu alt!«

Viele Jahre zuvor hatte ein anderer Mann, mit dem
Gott etwas Besonderes vorhatte, genau umgekehrt
argumentiert. Jeremia meinte einwenden zu müssen:
»*Ach, Herr HERR, ich tauge nicht zu predigen; denn
ich bin zu jung*« (Jeremia 1,6; LUT).

Noch viel früher, in der Urzeit des Volkes Israel, war
es Abraham, der wie Zacharias reagierte. Gott hatte
ihm im hohen Alter noch einen Sohn verheißen und
Abraham konnte das, mit Blick auf seinen Körper –
dieses 100-jährige Altertum – nicht glauben. Da fiel
Abraham auf sein Angesicht und lachte und sprach in
seinem Herzen: »*Soll mir mit hundert Jahren ein Kind
geboren werden, und soll Sara, neunzig Jahre alt, gebä-
ren?*« (1. Mose 17,17; LUT).

Was sagte der Engel zu Zacharias? »*Ich bin Gabriel.
Ich habe meinen Platz in der Gegenwart Gottes. Er
hat mich mit dieser frohen Botschaft zu dir gesandt!*«
(Lukas 1,19).

»Ich bin Gabriel« … Da klingt doch etwas mit, das
Zacharias sofort verstanden haben muss. Der Engel
des Herrn sagt: »Ich bin.« Gott sagt: »Ich bin, der ich
bin.« Zacharias, Mose, Emma, Stefan, Dieter, Gabi,
Jens – wacht auf! Mose sagt: »Die Israeliten werden
mir nicht glauben und nicht auf mich hören.« Gott
sagt: »Ich werde sein, der ich sein werde.« Weil das
aber selbst einen Mose nicht wirklich überzeugen kann,
unterstreicht der ewige Gott sein Reden mit Dingen,
die Mose wie ein Zauber vorgekommen sein müssen.

Wissen Sie, jetzt sind wir an einem ganz wichtigen Punkt. Wir haben so viele »Ich bin's« zu sagen. Ich bin zu alt, zu jung, zu unerfahren, zu abgeklärt, zu enttäuscht, zu müde, zu entmutigt, zu lustlos, zu weit weg, zu nah dran, zu kraftlos ... Immer und immer wieder sagen wir das, bis wir es selbst glauben. Worte haben Macht. Wenn wir durch unsere Ich-bin-Sätze unentwegt unsere Defizite beschreiben, wird unser Leben diesen Worten entsprechen. Irgendwann sagen wir dann als unheilvolles Fazit: »Ich bin nichts und ich kann nichts. Ich habe es noch nie wirklich zu etwas gebracht.«

Dagegen steht der Name Gottes, Jahwe, »Ich bin, der ich bin«. Dagegen steht unser Herr, von dem die Bibel sagt: *Jesus Christus gestern und heute und derselbe auch in Ewigkeit* (Hebräer 13,8; LUT).

Hieran entzündet sich aufs Neue unser Vertrauen. So sehr wir alle Möglichkeiten haben, zu zweifeln, so sehr haben wir auch unzählige Möglichkeiten, Vertrauen zu lernen.

Halten wir fest:

1. *Gottes Möglichkeiten reichen weiter.*
   All das, was wir als unumstößlich voraussetzen, all unsere »Ich bin's«, verlieren ihre Gültigkeit, wenn Gott sein »Ich bin, der ich bin« dagegensetzt.

2. *Es gibt eine Zeit zu reden und eine Zeit zu schweigen.*
   Sagen wir Gott unsere Zweifel, hören wir, wie er zu uns spricht, und dann, dann sollten wir die Klappe halten und vertrauen. Mose musste in der Wüste anerkennen: »Ich bin niemand«, um später zu

begreifen, was Gott mit einem Niemand bewirken kann.

3. *Es lohnt sich, Gott zu vertrauen,*
   es lohnt sich wirklich.
   Es ist unsere Entscheidung: Rechnen wir nur mit dem, was menschlich möglich ist, oder vertrauen wir, glauben wir Gott aufs Wort? An der Frage entscheidet sich nicht zuletzt unsere ganze Aufgeregtheit. (KGP)

IMPULS

Singen Sie es mit oder hören Sie es sich einfach an, das Lied von Reuben Morgan »Still«[4] auf der CD »Jesus, ich vertraue dir«:

Berge mich in deinem Arm.
Schütze mich mit deiner starken Hand.
Wenn die Meere toben, Stürme wehn,
werd ich mit dir übers Wasser gehn.
Du bist König über Wind und Flut,
mein Herz wird still, denn du bist gut.

GEDANKE DES TAGES

Vor dir verschlossene Türen, Unmöglichkeiten, dunkle Wände – bei Gott aber Licht, heilige Pläne der Liebe und des Friedens. Warte nur! Glaube, dass sich Gottes Gedanken viel mehr mit deinen Angelegenheiten beschäftigen als du selbst!

Hedwig von Redern

Entdecken Sie die Kraft in Bedrängnis

Da wurde der Herr zornig auf Mose. »Ich weiß doch, dass dein Bruder, der Levit Aaron, gut reden kann«, sprach er. »Er ist bereits auf dem Weg zu dir und wird sich freuen, dich zu sehen. Erzähl ihm dann alles und weise ihn an, was er reden soll. Ich werde euch beiden helfen, wenn ihr redet, und werde euch zeigen, was ihr tun sollt. Aaron wird für dich zum Volk sprechen. Es ist so, als ob du durch ihn sprichst. Und er wird deine Botschaften weitergeben, so wie ein Prophet meine. Und nimm deinen Hirtenstab mit. Mit ihm sollst du die Wunder tun.«

2. Mose 4,14-17

Ein schwacher Mann – ein starkes Team

Tausende Flüchtlinge aus der DDR sitzen in der westdeutschen Botschaft in Prag fest. Auf dem Balkon erscheint der damalige Außenminister Genscher, der mit den Behörden verhandelt hat. Er beginnt seinen Satz: »Liebe Landsleute, wir sind zu Ihnen gekommen, um Ihnen mitzuteilen, dass heute Ihre Ausreise ...« Mehr kann man unter dem Jubel der vielen erleichterten Menschen nicht mehr verstehen. Das Stichwort »Ausreise« hat schon alles gesagt. Der

Durchbruch ist geschafft, und die ersten Flüchtlinge werden in Sonderzügen durch die DDR in den Westen gebracht, in die Freiheit.

Viele von uns haben diese Szene noch vor Augen. Doch ist Hans-Dietrich Genscher der Name, der im Zusammenhang mit der deutschen Wiedervereinigung in die Geschichte einging? Wird sie nicht doch eher Helmut Kohl, dem damaligen Bundeskanzler, zugeschrieben? Hätte der eine ohne den anderen überhaupt etwas erreichen können?

Wie gut, dass zu dieser historischen Stunde solche Staatsmänner im Westen der Bundesrepublik am Ruder waren, die nicht nur ihre eigene Ehre suchten, sondern die sich als Team verstanden, das für ein größeres Ziel als ihre eigene Karriere zusammengestellt war. Mit der Ausreise der Ostdeutschen aus der Botschaft in Prag begann der Abbau der Mauer, die unser Land so viele Jahre geteilt und so viele Menschen in dem großen Gefängnis DDR gefangen gehalten hat. Ein großartiges Team hat die Gunst der Stunde ergriffen und dem deutschen Volk den Weg zur Wiedervereinigung bereitet. Und nicht nur diese zwei waren daran beteiligt: Viele andere, ungenannte Mitarbeiter der Regierungen in Ost und West waren in gleicher Weise aktiv dabei, diesen Weg zu ebnen. Menschen, deren Namen wir nie kennen werden. Ganz zu schweigen von den Tausenden, die auf den Straßen der DDR für ihre Freiheit alles aufs Spiel setzten und friedlich demonstrierten.

Dass wir im Leben mit Gegenwind und Widerständen rechnen müssen, ist uns mit zunehmendem Alter mehr und mehr bewusst. In dieser Woche soll es darum gehen, wie Moses mit solchen Herausforderungen umging. Was können wir von ihm lernen, wenn es um Probleme und Nöte, um Gefahren und Sorgen geht?

Mose bat Gott darum, sich doch jemand anderen zu suchen, weil er nicht gut reden konnte. Diese Reaktion erhält Gott leider immer wieder von Menschen. Viele seiner Aufträge sind daran gescheitert, dass Christinnen und Christen nicht den Mut hatten, sich aus ihrer Komfortzone in ein Abenteuer mit Gott herauslocken zu lassen.

Gott wird zornig auf Mose. Selbst das Angebot Gottes, mit ihm unterwegs zu sein, schlägt er mehr oder weniger direkt aus: *»Mach dich jetzt auf den Weg. Ich werde dir helfen und dir zeigen, was du reden sollst.« Aber Mose bat: »Herr, bitte schick doch einen anderen!«* (2. Mose 4,13-14).

Jetzt reißt Gott der Geduldsfaden. Er muss Mose erklären, dass er schon längst einen Plan gefasst hat, der die Unzulänglichkeit von Mose einbezieht. Aaron, sein Bruder, wird von Gott beauftragt, zu Mose zu kommen und ihm zu helfen. Ich denke: Hätte Mose von Anfang an Ja gesagt, hätte Gott Aaron dennoch geschickt, weil er wusste, wo seine Grenzen lagen.

Nach vierzig Jahren Trennung begegnen sich die ungleichen Brüder wieder und finden zu einem neuen Miteinander, gemeinsam im Auftrag des Herrn unterwegs. Sie ergänzen sich wunderbar: Mose kann sehr gut auf Gott hören und direkt mit ihm reden. Aaron kann das nicht so gut, aber dafür kann er sehr gut zu Menschen sprechen. Die Kombination der beiden ist unschlagbar. Doch sie müssen einander vertrauen, dürfen nicht in Konkurrenz zueinander treten, sondern müssen sich aufeinander verlassen können.

Ich weiß nicht, wie abenteuerlich Ihr Alltag verläuft und wie oft Sie an Ihre Grenzen kommen. Aber ich bin sicher, dass es auch in Ihrem Leben solche Verbindungen wie die zwischen Mose und Aaron gab und noch gibt. Vielleicht ist es Ihr Ehepartner, der vieles kann, was Sie nicht können. Vielleicht ist es ein Freund, der Sie in bestimmten Bereichen Ihres Lebens mit seinen Gaben ergänzt. Vielleicht sind da Kollegen, die Sie fragen können, wenn Sie nicht weiterkommen. Oder da ist ein Team, das in der Gemeinde gemeinsam mit Ihnen für andere da ist. Keiner muss alles können und keiner wird überfordert. Teams sind einfach klasse. Gott arbeitet gerne und oft auf diese Art und Weise. Nur selten beruft er Menschen zu einem Dienst, den sie ganz allein ausführen können. Und selbst die wenigen Missionare, die sich allein in fremde Gebiete wagen, brauchen das Gebet und die finanzielle Unterstützung von denen, die zu Hause geblieben sind.

Eine Familie genauso wie eine Gemeinde, eine Firma genauso wie eine Stadt oder ein Land können nur funktionieren, wenn Menschen mit Begrenzungen sich gegenseitig ergänzen. Der Einzelne überlebt nur dann, wenn er mit seinen Schwächen willkommen ist und Hilfe erfährt.

Mose und Aaron sind nicht nur zu zweit unterwegs: Auch ihre Schwester Mirjam gehört zum Team, wie man etwas später in der Mosegeschichte nachlesen kann. Ja, es ist die Schwester, die schon als Kind so viel Mut bewiesen hat, als sie auf die Tochter des Pharaos zuging und ihr anbot, die Mutter des kleinen Mose zu holen, damit das Kind weiter gestillt werden konnte. Die drei Geschwister bilden quasi ein »Dream-Team«. Das ist nicht immer so. Und auch für diese drei ist es sicher nicht immer einfach. Doch Gott hat sie zusammengestellt und miteinander zur »Führungsriege« des Volkes Israel gemacht. Dabei ist immer klar, dass Mose der Chef ist. Mose wiederum weiß, dass er es nicht ohne sein Team schaffen kann. Und die beiden wissen, dass sie ohne Mose niemals die Autorität hätten, das Volk zu leiten.

Hinter jedem starken Menschen steht ein starkes Team. Auch wenn man von manchen großen Firmen nur den Namen des Gründers kennt, von manchen berühmten Gemeinden nur den Namen des leitenden Pastors, weiß jeder, dass derjenige seine Arbeit nur dann gut machen kann, wenn er ein gutes Team um sich hat. Und egal, ob Sie Führungskraft oder einfacher Angestellter, ob Sie der Pastor oder ein ehrenamtlicher Mitarbeiter sind: Ihr Beitrag wird gebraucht, denn sonst geht es schief. Entscheiden Sie sich heute, sich nicht weiter mit anderen zu vergleichen. Nehmen Sie die Aufgaben an, die Ihnen zugeteilt sind, und machen Sie das Beste draus. Und wo Sie nicht weiterkommen, suchen Sie jemanden, der Sie ergänzt. (EW)

IMPULS

Welches Team bereichern Sie mit Ihren Gaben? Zeigen Sie Ihren »Teams« beim nächsten Treffen, dass Sie dankbar für das Miteinander sind.
Wo ist Ihr Platz in Familie und Gemeinde?
Wer ist an Ihrer Arbeitsstelle in Ihrem Team? Beten Sie für Ihre Kollegen.

GEDANKE DES TAGES
Darum hat Gott die Gemeinde gegeben, damit niemand allein gegen den Teufel stehen muss.

Martin Luther

Mose ging zu seinem Schwiegervater Jitro zurück und sagte: »Ich möchte gern nach Ägypten zu meinen Verwandten zurückkehren, um zu sehen, ob sie noch am Leben sind.«

»Geh in Frieden!«, entgegnete Jitro.

Der Herr sprach in Midian zu Mose: »Kehre nach Ägypten zurück. Denn alle, die dich umbringen wollten, sind inzwischen gestorben.«

Mose ließ seine Frau und seine Söhne auf Esel steigen und machte sich mit ihnen auf den Weg nach Ägypten. Den Stab Gottes nahm er in seine Hand.

Der Herr sagte zu Mose: »Wenn du nach Ägypten kommst, dann vollbring vor dem Pharao alle Wunder, zu denen ich dich bevollmächtigt habe. Ich will sein Herz aber hart machen, sodass er das Volk nicht gehen lässt. Dann sollst du zum Pharao sagen: ›So spricht der Herr: Israel ist mein erstgeborener Sohn. Ich befehle dir: Lass ihn ziehen, damit er mir dienen kann. Wenn du dich aber weigerst ihn ziehen zu lassen, werde ich deinen erstgeborenen Sohn töten!‹«

2. Mose 4,18-23

Es geht um mehr als um Erfolg

Mose wird zurückgesandt an den Hof des Pharaos, den er vor Jahren Hals über Kopf verlassen hat, um der Todesstrafe zu entgehen, die nach seinem Mord an einem Aufseher für ihn verhängt wurde. Er muss sich den Ängsten stellen, die eine Rückkehr mit sich bringt. Wird er schon gleich an der Grenze erkannt und verhaftet werden? Wird er getötet werden? Wird er überhaupt zum Pharao vorgelassen werden?

Er weiß auch, dass er zurück in seine leibliche Ursprungsfamilie kommen wird, die noch in Ägypten in Gefangenschaft lebt. Wie werden sie ihn empfangen, den Feigling, der sie zurückgelassen und sich selbst in Sicherheit gebracht hat? Werden sie ihn, der in ihren Augen mehr ein Ägypter als ein Hebräer ist, überhaupt ernst nehmen?

Mose hat viele gute Gründe, sich vor einer Rückkehr zu fürchten. Auch die Erinnerung an das eigene Versagen, die eigene Schuld, die er durch den Mord an dem Aufseher auf sich geladen hat, wird wieder neu lebendig werden. Doch er macht sich auf den Weg. Er verabschiedet sich von seinem Schwiegervater Jitro und nimmt seine Frau und seine Söhne mit, für die es eine Reise in ein ganz unbekanntes Land und in ein neues, anderes Leben ist.

Gott ermutigt Mose auf dem Weg, indem er ihm voraussagt, dass er nichts mehr von den Leuten zu befürchten hat, die ihn damals umbringen wollten. Sie sind inzwischen tot. Mose soll und wird dem neuen Pharao entgegentreten, den er nicht kennt. Dabei bekommt er keine Erfolgsgarantie von Gott. Ganz im Gegenteil. Gott sagt Mose voraus, dass der Pharao nicht auf ihn hören wird. Was für Aussichten! Und dennoch geht Mose seinen Weg. Hin zum Pharao. Hinein in alte Erinnerungen und neue Herausforderungen.

Mohammed Ali Hussein, der 1863 in Südägypten geboren wurde, muss es ähnlich gegangen sein. Als achtjähriges Kind sprach ihn auf den Straßen Assuans in Südägypten ein europäischer Gentleman an, der ihn fragte, ob er mit nach Paris fahren und dort eine gute Ausbildung erhalten wolle. Er willigte ein. Der Missionar Lavanchy nahm ihn daraufhin mit auf die große Fahrt in den Westen, zunächst in die Schweiz. Dort entschied er sich im Alter von fünfzehn Jahren dazu, mit Jesus zu leben, und ließ sich taufen. Er nahm den Namen Samuel an. Danach ging es weiter nach London zu Dr. Grattan Guinness ins Missionskolleg Harley House. Dort wurde er bestens ausgebildet. Samuel, der ein nubischer Junge muslimischen Glaubens aus Südägypten war, entschied sich aus freien Stücken dazu, sein Leben ganz in den Dienst für Jesus zu stellen. Er bereitete sich gezielt darauf vor, zurück in seine Heimat zu gehen.

Wieder in seinem Dorf begann er, bei der Post zu arbeiten. Dann kamen die ersten ausländischen Missionare in Assuan an. Samuel half ihnen, in Kultur und Sprache hineinzufinden. Er heiratete, bekam Kinder und wartete auf Gelegenheiten, seinen Landsleuten das Evangelium zu verkünden. Doch es kam anders, denn man nahm ihm seine Kinder weg, die auch Christen geworden waren, und grenzte ihn mehr und mehr aus der nubischen Gesellschaft aus. Als der Erste Weltkrieg ausbrach, mussten die deutschen und schweizerischen Missionare, die in Assuan eine Klinik begonnen hatten, das Land verlassen. Samuel Ali Hussein hielt die Stellung. Doch er erlebte mehr und mehr Ablehnung und Verfolgung, niemand von seinen Volksgenossen schloss sich ihm an. Als er starb, hatte er kein einziges

Mal miterleben dürfen, dass von seinen Landsleuten jemand Christ geworden war, geschweige denn, dass eine Gemeinde entstanden war. Das ist übrigens bis heute nicht der Fall. Auch nach über 100 Jahren Missionsarbeit unter den Nubiern kann die Mission der EMO, »Einsatz für Menschen im Orient«, Wiesbaden, dort keine großen Bewegungen hin zu Jesus vermelden. Dennoch bleibt sie ihrem Auftrag treu und dient den Menschen in Nubien medizinisch und durch vorgelebtes Christsein.

Es ist nicht immer der Erfolg, der uns bestätigt, dass wir es richtig gemacht haben. Manche Dinge sind richtig und gut, auch wenn sie keinen für uns sichtbaren Erfolg haben. Wir müssen sie einfach im Gehorsam Gott gegenüber tun – egal, was dabei herauskommt. Mose musste dem Pharao die Botschaft von Gott überbringen, auch wenn er schon von Gott gehört hatte, dass dieser sich nicht darauf einlassen würde. War das ein Himmelfahrtskommando für Mose? Oder war das ein schlechter Plan von Gott? Wir wissen nicht, wie Mose über diesen Einsatz gedacht hat. Wir wissen nur, dass er Gott gehorchte und zurückging, zurück in die Höhle des Löwen. Zurück zu den Riesen seiner Vergangenheit. (EW)

IMPULS

Wo haben Sie aufgegeben, Gott zu vertrauen, weil es keine sichtbaren Erfolge gab? Welchen mutigen Schritt könnten Sie am heutigen Tag gehen?

GEDANKE DES TAGES
Nicht auf die Erfolge, auf die Nachfolge kommt es an.

Otto Riethmüller

Danach gingen Mose und Aaron zum Pharao und sagten zu ihm: »So spricht der Herr, der Gott Israels: ›Lass mein Volk ziehen, damit es in der Wüste mir zu Ehren ein Fest feiern kann.‹« ... Noch am selben Tag gab der Pharao den ägyptischen Aufsehern über das Volk und den israelitischen Vorarbeitern folgenden Befehl: »Liefert den Leuten kein Stroh mehr für die Herstellung der Ziegel. Sie sollen es ab jetzt selbst sammeln. Trotzdem sollen sie aber genauso viele Ziegel herstellen wie bisher und nicht einen weniger. Sie sind faul, sonst würden sie nicht schreien: ›Wir wollen unserem Gott in der Wüste opfern!‹ Ladet ihnen noch mehr Arbeit auf, damit sie etwas zu tun haben und nicht mehr solchen Lügen Gehör schenken.« ... Da zogen die Israeliten durchs ganze Land, um Stroh zu sammeln. Die Aufseher trieben sie an: »Ihr müsst am Tag genauso viele Ziegel herstellen wie früher, als wir euch das Stroh noch gaben!«, verlangten sie. Dann schlugen sie die israelitischen Vorarbeiter, die sie eingesetzt hatten. »Warum habt ihr gestern und heute nicht die festgesetzte Anzahl an Ziegeln abgeliefert, so wie ihr es früher gemacht habt?«, fragten sie.

2. Mose 5,1.6-9.12-14

Wenn alles nur noch schlimmer wird

Stellen Sie sich vor, Sie sind Gewerkschafter, sehen Kollegen unter dem Druck der vielen Arbeit leiden und haben beim Chef Beschwerde eingelegt, weil alle zu viele Überstunden leisten müssen, sie kaum noch nachkommen mit der Arbeit, geschweige denn ihren wohlverdienten Urlaub nehmen können. Sie haben verlangt, dass jeder den Urlaub nehmen kann, der ihm zusteht. Gar nicht so weit hergeholt, wie ich letztens von jemandem gehört habe. Er arbeitet in einer Firma, in der seit Monaten keine Pausen eingehalten wurden und in der es schon im letzten Jahr unmöglich war, den Urlaub anzutreten, den man eingeplant hatte. Aus Betriebsgründen.

Und dann stellen Sie sich vor, wie der Chef reagiert: a) Er gibt Ihnen recht und erteilt an die Abteilungsleiter den Auftrag, dafür Sorge zu tragen, dass alle Arbeitnehmer ihren Urlaub antreten können. b) Er gibt Ihnen recht, erklärt aber, dass für die Firma in den wirtschaftlich schlechten Zeiten alles davon abhängt, dass alle mitarbeiten und ihr in schweren Zeiten solidarisch durchhelfen. Urlaubssperre sichert Arbeitsplätze. c) Der Chef schickt Sie weg und verschärft die Arbeitsbedingungen noch.

Und jetzt stellen Sie sich einmal vor, was Mose und Aaron erlebt haben, als sie auf ihre Bitte, das Volk Israel zu einem religiösen Fest für ein paar Tage von der Arbeit zu befreien, als Antwort bekamen: »Geht wieder an eure Arbeit!«

Genau das hörten Mose und Aaron, als sie beim Pharao darum baten, dass das Volk Israel ein paar Tage freibekäme. Doch nicht nur das, der Pharao verschärfte die Arbeitsbedingungen der Israeliten um ein Vielfaches. Sie mussten jetzt auch noch die Rohstoffe, die sie zur Herstellung der Lehmziegel brauchten, selbst herbeischaffen. Doch es ging noch weiter. Die offiziellen Arbeitnehmervertreter der »hebräischen Firma« waren außer sich und fragten beim Chef nach, wieso jetzt noch mehr Druck ausgeübt wurde. Dort erfuhren sie vom Vorstoß von Mose und Aaron. Ihnen hatten sie also die weitere Verschlechterung ihres Arbeitsalltags zu verdanken!

Nun ja, eine Arbeitnehmersituation heute ist nicht direkt vergleichbar mit der Lage der hebräischen Sklaven in Ägypten damals. Aber dieses Gedankenspiel kommt dem nahe, was Mose und Aaron erlebt haben. Statt des von ihnen erhofften Ergebnisses, bei dem Gespräch mit dem Pharao eine friedliche Lösung zu finden, wurde alles nur noch schlimmer. Jetzt war der Druck auf die Arbeitsleistung des Volks noch größer. Und die Israeliten waren böse auf Mose und Aaron. Durch diese beiden und ihren vermeintlichen Alleingang war alles nur noch schlimmer geworden.

Wenn man Biografien von Missionaren liest, stellt man fest, dass es ihnen oft ganz genauso ergangen ist wie Mose und Aaron. Sie sind mit großer Begeisterung ausgereist. Sie haben alles hinter sich gelassen, ihre Familien mitgenommen und sind in fremde und ablehnende Kulturen und Länder gereist. Statt mit offenen Armen aufgenommen zu werden, werden sie verhaftet, geschlagen, weggesperrt. So jedenfalls erging es Adoniram Judson, dem ersten amerikanischen Missionar, der mit seiner Frau Ann Hazeltine 1813 nach Burma kam. Sie lernten die einheimische Sprache, übersetzten Teile der Bibel, gründeten eine Gemeinde, bis der Krieg ausbrach. Judson wurde verhaftet und gefoltert. Zwanzig

Monate verbrachte er in zwei verschiedenen Gefängnissen, teilweise war er an den Füßen so aufgehängt, dass er nur mit Kopf und Schultern den Boden berührte. Schon bald nach seiner Entlassung starb seine tapfere Frau Ann, sechs Monate später ihr gemeinsames jüngstes Kind. Er heiratete noch einmal, wieder starb seine Frau. Er heiratete ein drittes Mal. Als Judson starb, hatte er die Bibel übersetzt und 100 Gemeinden gegründet. Das alles war nur dadurch möglich gewesen, dass er sich nicht von den ersten Widerständen und Rückschlägen hatte entmutigen lassen, sondern weiter in Burma geblieben war. Auch nach den schrecklichen Jahren im Gefängnis.

Wenn wir im Auftrag von Gott handeln, kann es geschehen, dass sich zunächst einmal Widerstand formiert. Das sollte uns nicht erschrecken oder abhalten. Im Gegenteil. Widerstand zeigt uns, dass man uns und unsere Botschaft ernst nimmt. Denn sonst würde gar nichts geschehen. Am Ende steht nicht die Verzweiflung, sondern Gottes Eingreifen. Nicht immer sofort, aber immer rechtzeitig. Widerstand gegen Gott und uns als seinen Nachfolgern kann man auch in unserem Land, in unserem Umfeld mehr und mehr erleben. Lassen Sie uns darauf gefasst sein und mutig weiter unseren Weg gehen. Gott hat noch viel vor! Und alles, was er tun will, tut er mit und durch uns. Mitten in unserem Alltag. (EW)

Wo erleben Sie gerade Widerstand? Könnte das an Ihrer Art und Ihrem Verhalten liegen? Oder liegt es an dem, was Sie sagen?

Wo erleben Christen in unserem Land Widerstand? Wie sollten wir damit umgehen?

Hören Sie sich das Lied an »Groß ist die Dunkelheit« von der CD »Jesus, ich vertraue dir«.

GEDANKE DES TAGES

Ich glaube, dass Gott aus allem, auch aus dem Bösesten, Gutes entstehen lassen kann und will. Dafür braucht er Menschen, die sich alles zum Besten dienen lassen. Ich glaube, dass Gott uns in jeder Notlage so viel Widerstandskraft geben will, wie wir brauchen.

Aber er gibt sie nicht im Voraus, damit wir uns nicht auf uns selbst, sondern allein auf ihn verlassen. In solchem Glauben müsste alle Angst vor der Zukunft überwunden sein.

Dietrich Bonhoeffer[5]

Da wandte Mose sich an den Herrn: »Warum tust du deinem Volk so etwas an, Herr?«, fragte er. »Warum hast du mich hierher gesandt? Seit ich zum Pharao gegangen bin und ihm deine Botschaft ausgerichtet habe, behandelt er dein Volk noch viel schlechter. Und du unternimmst nichts, um dein Volk zu retten!«

»Jetzt sollst du sehen, was ich dem Pharao antun werde«, sprach der Herr zu Mose. »Ich werde ihn mit meiner mächtigen Hand zwingen, die Israeliten ziehen zu lassen. Ja, wenn ich ihn mit meiner mächtigen Hand zwinge, wird er sie sogar aus seinem Land jagen.« Und Gott fuhr fort: »Ich bin der Herr. Ich bin Abraham, Isaak und Jakob als ›der allmächtige Gott‹ erschienen, aber unter meinem Namen ›der Herr‹ habe ich mich ihnen nicht zu erkennen gegeben. Und ich habe auch einen Bund mit ihnen geschlossen und versprochen ihnen das Land Kanaan zu geben, in dem sie als Fremde lebten. Ich habe das Seufzen der Israeliten gehört, die von den Ägyptern versklavt werden. Und ich habe an meinen Bund mit ihnen gedacht. Richte deshalb den Israeliten aus: ›Ich bin der Herr; ich werde euch aus der Sklaverei in Ägypten führen und aus der Zwangsarbeit retten. Ich werde euch mit großer Macht befreien und die Ägypter hart bestrafen. Ich werde euch zu meinem Volk machen, und ich werde euer Gott sein. Und ihr sollt erkennen, dass ich der

Herr, euer Gott, bin, der euch aus der Sklaverei in Ägypten führt. Ich werde euch in das Land bringen, das ich Abraham, Isaak und Jakob mit erhobener Hand versprochen habe, und es euch als Besitz geben. Ich bin der Herr!«

2. Mose 5,22–6,8

Fragen erlaubt

Mose ist geschockt darüber, dass sein Gespräch mit dem Pharao alles noch schlimmer gemacht hat, und geht mit seinem Frust zu Gott: »Warum hast du mich hergesandt?« Diese Warum-Fragen kennen wir alle. Warum bin ich Christ, wenn es mir doch gar nicht besser geht als anderen Menschen? Warum lebe ich nach Gottes Geboten, wenn es das Leben doch nur anstrengender und komplizierter macht? Könnte ich es nicht besser haben, wenn ich einfach so lebe wie alle anderen? Warum kann ich nicht auch lügen und mich durchmogeln? Warum soll ich in der Ehe treu sein, wo doch alle anderen ihre Freiheiten genießen? Warum soll ich mich für andere engagieren, wo ich doch meine Freizeit viel angenehmer gestalten könnte? Warum soll ich Geld verlieren, nur weil ich ehrlich bin?

Auf diese Fragen gibt es nur eine logische Antwort: weil Gott Gott ist. Und weil das, was er sagt, gut für mich und für andere ist. Auch wenn der Erfolg nicht sofort sichtbar ist. Gott hat gute Gedanken, gute Pläne für mein Leben. Am Ende wird immer das herauskommen, was langfristig das Beste ist.

Mose solidarisiert sich mit seinem Volk. Er empfindet nach, was es durchmacht. Jeder, der mit offenen Augen durch die Nachbarschaft geht, die Zeitung liest, kennt das: Man hört so viele Geschichten von Menschen, bei denen man sich fragt: Gott, wieso hast du das zugelassen? Hat dieser Mensch es nicht schon schwer genug? Hier ein Beispiel von vielen, die ich an dieser Stelle erzählen könnte:

Da ist eine junge Mutter, eine Christin, die von ihrem Ehemann bei einem Streit brutal zusammengeschlagen wird. Sie kommt ins Krankenhaus und traut sich danach nicht, wieder nach Hause zu ihrem Mann zurückzugehen; sie zieht erst einmal zu ihren Eltern. Mit dem Abstand wird ihr immer klarer, dass ihr Mann sie schon vor diesem Vorfall misshandelt hat, wenn auch nie so schwer wie dieses Mal. Sie lebt zwischen Hoffen und Bangen.

Ihr Mann bricht den Kontakt ab. Er zieht weg, erst einmal an einen unbekannten Ort. Er wechselt den Arbeitsplatz. Sein wenige Wochen altes Kind hat er seit dem Vorfall nicht mehr gesehen. Monate vergehen. Er zahlt keinen Unterhalt. Sie verbraucht alles, was sie erspart hat, um zu überleben und ihr Kind zu versorgen. Er verschiebt das gemeinsame Geld auf andere Konten, macht Schulden, kann angeblich nichts zahlen, ist zeitweise nicht erreichbar, kümmert sich nicht um sein Kind, erst recht nicht um seine Frau. Dann steht ein Gerichtsverfahren wegen Unterhaltszahlungen an. Er erscheint nicht einmal.

Und schließlich kommt der Prozess, bei dem es um das Umgangsrecht geht. Der Mann erscheint. Er macht einen guten Eindruck auf den Richter. Ein netter Kerl. Er erhält das Recht, sein Kind zu sehen. Der Richter ist davon überzeugt, dass es für das Kind gut ist, Kontakt mit dem Vater zu haben. Mit dem Vater, der es nie sehen wollte, der nie für es gezahlt hat. Einem Vater, der die Mutter geschlagen hat und der mit diesem Schachzug zeigen will, wie mächtig er ist. Es geht ihm nicht um das Kind, es geht ihm darum, seiner Frau noch einmal zuzusetzen. Und ihr die qualvollen Stunden zuzumuten, in denen er allein mit seinem Kind sein wird. Stunden, in denen die Mutter aus Sorge Höllenqualen leiden wird.

So was kommt doch nicht vor, meinen Sie? Nein, aktuelle deutsche Rechtsprechung. Wieso hat Gott nicht eingegriffen? Wieso sieht der Mann nicht ein, dass er unrecht handelt? Wieso kann ein Richter solch ein Urteil fällen, obwohl Beweise für die Misshandlung der Frau vorliegen?

Es gibt viel Unrecht in unserer Welt. Und dieses ist nur ein Beispiel dafür. Weltweit hat nach Schätzungen jede vierte Frau schon einmal eine Art von Gewalt und Missbrauch im eigenen Haus erduldet. Aber auch Männer werden Opfer von häuslicher Gewalt. Ganz zu schweigen von Kindern.

Sicher, das mag weit von Ihrem Alltag, Ihrer Lebenswirklichkeit entfernt sein. Aber es betrifft viele Menschen in unserem Land. Auch in christlichen Familien wird geschlagen und verbal misshandelt. Auch in christlichen Familien gibt es sexuellen Missbrauch. Auch in christlichen Familien geschieht Unrecht. Vielleicht sitzt sonntags jemand mit Ihnen im Gottesdienst, der genau durch diese familiäre Hölle geht.

Und was antwortet Gott, als Mose ihn auf diese Not hin anspricht? »*Auch ich habe gehört die Wehklage der Israeliten, die die Ägypter mit Frondienst beschweren, und habe an meinen Bund gedacht*« (LUT). Gott ist nicht taub, er hört die Klagen. Er erlaubt Mose, so offen und frei seine Fragen zu stellen. Und er antwortet. Gott wird eingreifen. Das letzte Wort ist noch nicht gesprochen. Nicht bei Mose und nicht bei Gericht.

Gott steht zu seinem Bund. Und er hat immer das letzte Wort. (EW)

Welche offenen Fragen möchten Sie Gott stellen? Machen Sie eine Liste.

Wen können Sie heute ermutigen, in schweren Stunden durchzuhalten? Schreiben Sie, rufen Sie an, sprechen Sie mit denen, die es im Moment schwer haben.

Schreiben Sie für sich selbst eine Verheißung Gottes auf einen Zettel und hängen Sie ihn an den Kühlschrank oder den Spiegel.

GEDANKE DES TAGES

Glauben heißt, sich diesem Gott hinzugeben, der größer ist – größer als meine Zweifel und größer als meine Fragen.

Lynne Hybels

»Das Blut soll ein Zeichen sein an den Häusern, in denen ihr seid: Wenn ich das Blut sehe, werde ich an euch vorübergehen und euch verschonen. Diese Todesplage wird euch nicht treffen, wenn ich Ägypten strafe. Ihr sollt diesen Tag immer in Erinnerung behalten. Jedes Jahr sollt ihr und eure Nachkommen ihn als ein besonderes Fest für den Herrn begehen. Diese Anordnung gilt für alle Zeiten. Esst im ersten Monat vom Abend des 14. Tages an bis zum Abend des 21. Tages nur ungesäuertes Brot. In diesen sieben Tagen darf sich kein Sauerteig in euren Häusern finden lassen ...« Daraufhin rief Mose die führenden Männer Israels zusammen und gab ihnen folgende Anweisungen: »Geht und wählt für jede Familie ein Lamm aus und schlachtet es dann als Passahopfer. Fangt das Blut von jedem Lamm in einer Schüssel auf. Nehmt dann ein Büschel Ysop, taucht es in das Blut und streicht etwas davon an den oberen Balken und die seitlichen Pfosten der Tür. Keiner von euch darf bis zum Morgen sein Haus verlassen. Dann wird der Herr durch das Land gehen, um die Erstgeburten der Ägypter zu töten. Wenn er das Blut an dem Türbalken und den Türpfosten sieht, wird der Herr an euren Häusern vorübergehen und euch verschonen. Er wird dem Todesengel nicht gestatten, in eure Häuser einzutreten und eure Erstgeburten zu töten. Ihr und eure Nachkommen sollt euch immer an diese Vorschriften halten. Wenn ihr in das Land kommt, das der Herr euch zugesagt hat, sollt ihr an diesem Brauch festhalten. Wenn eure Kinder euch fragen werden: ›Was bedeutet dieser Brauch?‹ Dann sollt ihr antworten: ›Das ist ein Passahopfer für den Herrn. Denn er ging in Ägypten an den Häusern der Israeliten vorüber. Als er die Ägypter sterben ließ, hat er unsere Familien verschont.‹« Da knieten die Israeliten nieder und beteten den Herrn an.

2. Mose 12,13-27

Kraft aus guten Traditionen und Ritualen

Kinder brauchen Rituale. Und Eltern wissen das. Jede Familie entwickelt einen bestimmten Ablauf, wie man zu Bett geht. Oder einen, wie man Feste feiert. Etwa Weihnachten. Da gibt es schon nach kurzer Zeit Traditionen, die man von den Eltern übernimmt oder die man selbst entwickelt. Kinder wissen dann schon, was es an Weihnachten zu essen gibt, wer den Baum schmückt, wann die Geschenke und vor allem wie die Geschenke ausgeteilt werden. Rituale geben Geborgenheit, vermitteln Sicherheit. Kinder lieben Rituale. Und Gott liebt sie auch. Er hat sie sogar erfunden. In unserem heutigen Textabschnitt gibt er dem Volk Israel ein neues Ritual mit auf den Weg, das bis heute in den jüdischen Familien nach Gottes Vorgaben gefeiert wird: das Passahfest. Ein Fest, das auch Jesus mit seinen Jüngern feierte.

Doch erst einmal zurück zu den Ursprüngen dieses Festes, die alles andere als feierlich sind. Eine Plage nach der anderen hatte das Land Ägypten erfasst (nachzulesen in 2. Mose 7-12):

1. die Verwandlung aller Gewässer in Blut,
2. eine Froschplage,
3. Stechmücken,
4. Stechfliegen, die nur die Ägypter quälten, nicht die Hebräer,
5. eine Viehpest,
6. Blattern,
7. Hagel, der die Ernte vernichtete,
8. Heuschrecken, die alles kahl fraßen,
9. Finsternis, die drei Tage lang anhielt.

Immer wieder gab der Pharao scheinbar nach, dann aber, im entscheidenden Moment, machte er einen Rückzieher und ließ das Volk doch nicht ziehen. Und nun kündigte Gott die schlimmste aller Plagen an: den Tod aller Erstgeborenen. Es gab nur einen Weg, diesem Tod zu entgehen, und diesen verriet Gott seinem Volk: Die Israeliten sollten pro Haushalt ein Lamm schlachten, das sie dann gemeinsam verzehrten. Dazu sollten sie ungesäuertes Brot und bittere Kräuter essen. Nichts sollte übrig bleiben, deshalb sollte man lieber noch Nachbarn mit einladen, wenn nicht genug Menschen im Haushalt lebten. Die Reste sollten im Feuer verbrannt werden. Mit dem Blut des Tieres sollten die Pfosten des Hauses bestrichen werden. Gott würde in dieser Nacht durch die Gassen gehen und alle Erstgeborenen töten, außer in den Häusern, die das Blut an den Pfosten der Türe hatten. Es sollten sich alle bereithalten, aufzubrechen und das Land Ägypten zu verlassen. Schon bevor diese Dinge geschahen, gebot Gott dem Volk, das Fest des Passahmahls immer und immer wieder in dieser Weise zu feiern und somit daran zu denken, was Gott für sein Volk getan und wie er es aus der Gefangenschaft befreit hatte.

Es geschah alles genau so, wie Gott es angeordnet hatte. Das Leben der Erstgeborenen in den Häusern der Hebräer wurde bewahrt. Bei den Ägyptern blieb in dieser Nacht jedoch kein Haus vom Tod verschont.

Bis heute erinnert das jüdische Passahfest mit all seinen jahrtausendealten Ritualen an diese Ereignisse. Ein Ritual ist wichtig, weil es gute Erinnerungen schafft und wieder hervorbringt. So wie in Amerika seit der Zeit der Pilgerväter die Familien an »Thanksgiving« – dem amerikanischen Erntedankfest – zusammenkommen, um sich gemeinsam darüber bewusst zu werden, wofür man dankbar sein kann, so kommen in Deutschland die Familien an Weihnachten zusammen, um gemeinsam ... ja, was denn? Fernzusehen? Gut zu essen? Geschenke auszutauschen?

Vielleicht ist es einmal wieder Zeit, die eingeschliffenen Gewohnheiten am Weihnachtsfest neu zu verknüpfen mit dem eigentlichen Geschehen, das damals im Stall von Bethlehem stattfand, als Gott selbst Mensch wurde und zu uns in unsere Welt kam. Und vielleicht sollten wir überlegen, welche Rituale wir an Ostern einführen wollen, an die sich unsere Kinder erinnern werden. Sicher wollen wir ihnen mehr auf ihren Lebensweg mitgeben als die Erinnerung an Osterhasen und bunte Eier.

Wir scheuen uns manchmal vor zu viel religiösen Ritualen, aber wir merken auch, dass wir sie brauchen. Vor allem solche, die uns die Inhalte der christlichen Feste nahebringen. Gott liebt Feste, die uns helfen, uns an seine großen Taten zu erinnern. Er liebt sie nicht um ihrer selbst willen, sondern weil er weiß, wie vergesslich wir Menschen sind. Und dass wir nur durch Wiederholung wirklich lernen.

Welche Rituale könnten wir in unserem Alltag heute einbauen? Gewohnheiten helfen uns, gerade in schweren Zeiten. Deshalb sollten wir uns in den guten Zeiten angewöhnen, was wir in den schweren Zeiten benötigen werden: den Kontakt zu Gott.

Für viele Christen ist das tägliche Lesen von Gottes Wort solch ein Ritual. Oder das gemeinsame Gebet am Esstisch. Sicher auch das Gebet vor dem Schlafengehen. Seit ich meinen Führerschein habe, bete ich vor größeren Autofahrten um Bewahrung vor eigenen Fehlern und vor denen der anderen Autofahrer. Mein Mann erzählt, dass seine Mutter jeden Morgen mit ihm und seinen Brüdern vor dem Verlassen der Wohnung Folgendes gebetet hat: »Führe mich, o Herr, und leite meinen Gang nach deinem Wort. Sei und bleibe du auch heute mein Beschützer und mein Hort. Nirgends als bei dir allein kann ich recht bewahret sein.« Dieses kleine Ritual bedeutete für meinen Mann: Ich bin nicht allein auf dem Weg in die Schule. Jesus ist dabei.

Welche guten Rituale gibt es in Ihrem Leben? (EW)

IMPULS

Welche guten Gewohnheiten haben Sie in Ihrem Leben eingeübt, die Sie an Gottes Handeln erinnern?
Wie könnten Sie Ostern oder Weihnachten demnächst feiern?
Welche feierlichen Rituale kennen Sie von Ihren Eltern, die man neu beleben könnte oder sollte?

GEDANKE DES TAGES

Ich will der Gnade des HERRN gedenken und der Ruhmestaten des HERRN in allem, was uns der HERR getan hat, und der großen Güte an dem Hause Israel, die er ihnen erwiesen hat nach seiner Barmherzigkeit und großen Gnade.

Jesaja 63,7 (LUT)

Als der Pharao das Volk schließlich ziehen ließ, führte Gott es nicht durch das Gebiet der Philister, obwohl dies der kürzeste Weg war. Gott sagte sich: »Wenn das Volk merkt, dass ihm ein Kampf bevorsteht, bereut es möglicherweise den Auszug und kehrt nach Ägypten zurück.« Deshalb ließ er das Volk einen Umweg machen und führte sie durch die Wüste ans Rote Meer. Die Israeliten verließen Ägypten zum Kampf gerüstet.

2. Mose 13,17-18

Gottes Plan ist gut

Ein guter Trainer weiß, was seine Sportler leisten können – da mögen auch manche der zu Hause vor dem Fernseher sitzenden »Trainer« anderer Meinung sein, was den Einsatz von guten Spielern angeht.

Ein guter Lehrer weiß, wie weit die Leistungsfähigkeit seiner Schüler reicht. Als ich 1982 in Ägypten ein Praktikum im Deutschen Missionskrankenhaus machte, wollte ich gerne die arabische Sprache lernen. Schnell wurde ein einheimischer Lehrer aus der örtlichen Grundschule gefunden, der sich ein wenig Geld dazuverdienen wollte. Wir drei Praktikanten – zwei aus Deutschland und eine aus der Schweiz – waren ganz motiviert und wollten neben der Arbeit im Krankenhaus als Lehrerin für die Kinder der Missionare wirklich gut Arabisch lernen. Unser Lehrer sprach kaum Englisch, gar kein Deutsch, was uns nicht viel ausmachte, dachten wir doch, das sei umso besser, weil wir so nicht auf eine Mittlersprache ausweichen konnten.

Und dann begann der Unterricht. In der ersten Stunde schrieb unser Lehrer das arabische Alphabet an die Tafel. Wir begannen langsam und sorgfältig, die Kringel abzumalen. Dann sprachen wir ihm im Chor nach, was er aussprach, als er mit einem Stock auf die einzelnen Buchstaben zeigte. Das war doch schon mal erfolgreich! Dachten wir. In der zweiten Stunde schrieb er einen arabischen Text an die Tafel und war davon überzeugt, dass wir das jetzt lesen könnten, denn er hatte uns ja tags zuvor das Alphabet »beigebracht«. Weit gefehlt. Was ihm nicht bewusst war, war die Tatsache, dass viele der arabischen Buchstaben mehrere Schreibformen haben, je nachdem, ob sie allein, am Anfang, in der Mitte oder am Ende eines Wortes stehen. Mein deutscher Kollege und ich mussten lachen. Unsere Schweizer Freundin fing an zu weinen. Uns war klar: So würden wir es nie lernen! Doch wir machten munter weiter. Ach ja, Sie wollen wissen, was er an die Tafel geschrieben hat? »Schreibe einen Aufsatz über deinen Ausflug auf die Blumeninsel!« Na, wenn das kein Grund zum Lachen (oder Weinen) war …

Werfen wir noch einmal einen Blick auf die Geschichte von Mose und dem Volk Israel. Sie sind auf der Flucht vor dem Pharao und seiner Armee. Die schreckliche Nacht, in der so viele Menschen gestorben sind, liegt hinter ihnen. Sie haben Gottes Anweisungen befolgt und sind nun auf dem Weg in ein neues Leben, in die große Freiheit. Doch noch ist nichts gewonnen. Werden sie vielleicht schon bald von den Wagen des Pharaos eingeholt werden?

Gott behält den Überblick. Er weiß, was er diesen Menschen zumuten kann. Er kennt ihre Grenzen, ihre Möglichkeiten. Sein Plan übersieht nichts. Gott führt sie auf den ersten Blick einen Umweg über die Wüste an das Schilfmeer. Er erspart ihnen damit jedoch die Kämpfe gegen die starken Philister, die sicherlich erreicht hätten, dass das Volk Gottes umkehrt. Das weiß Gott. Er schätzt sein Volk realistisch ein: Bei dem ersten Widerstand und Kampf würden sie nachgeben. Man könnte auch sagen: Gott kennt seine Pappenheimer. Er weiß, dass sie jetzt in Gefahr sind, wieder umzukehren, zurück in ihr altes Leben, zurück nach Ägypten.

Kommt Ihnen das bekannt vor? Hat Gott Sie vielleicht auch schon einmal einen Umweg geführt? Sie hatten einen Traumjob vor Augen und im letzten Moment ist nichts daraus geworden? Sie hätten beinahe den Vertrag für Ihre Traumwohnung unterschrieben, doch da war jemand schneller und hat sie Ihnen weggeschnappt? Sie hatten sich verliebt und wollten diesen Menschen unbedingt heiraten, aber dann ging alles in die Brüche? Warum dieser Umweg, Herr? Warum noch einmal von vorne anfangen? Warum nicht gleich diese Beförderung bekommen? Warum nicht gleich ein Kind? Warum noch warten, warum noch mal eine Schleife drehen? Gott weiß, warum. Und er weiß, was gut für uns ist und was nicht.

Wie froh bin ich, dass aus mancher Bewerbung nach dem Studium nichts geworden ist: Ich hätte mich nicht so im Christus-Treff engagieren können. Und wie froh bin ich, dass sich so mancher Hauskauf, den wir als Gemeinde ins Auge gefasst hatten, zerschlagen hat. Mittlerweile kann ich sehen, dass Gott eigentlich immer noch etwas Besseres für mich vorbereitet hatte, als ich auf den ersten Blick dachte. Dass ich mit der ersten Wahl gar nicht die richtige Wahl getroffen hätte.

Gott erspart seinem Volk eine kriegerische Auseinandersetzung und bringt sie erst einmal in Sicherheit. Auch wenn es sich für das Volk wie eine Wüste anfühlt und auch eine Wüste ist, es ist ein Schutzbereich, in den Gott sie gebracht hat. Wie gut, dass sie seiner Führung vertrauen. Sie würden sonst in ihr Unglück rennen.

Der Alltag kann wie eine Wüste sein, in der man die Orientierung verliert. Manchmal erfreut man sich an rosigen Aussichten, doch dann stellt man fest, dass das nur eine Fata Morgana war. Sie hat sich in Luft aufgelöst.

Mose erkennt, dass Gott den Durchblick und den Überblick hat. Dass er mehr sieht, als wir Menschen auf den ersten Blick entdecken können. Mose vertraut Gott. Er vertraut sich und die Menschen, die ihm anbefohlen sind, Gott an. Und so kann er seinen Weg im Frieden weiterziehen. (EW)

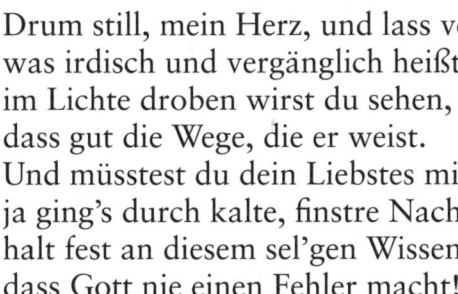

IMPULS

Wo fühlt sich Ihr Alltag wie eine Wüste an?

Danken Sie Gott für seine Wege mit Ihnen. Auch wenn nicht alle Wünsche erfüllt wurden, sagen sie Ja zu dem, wie Ihr Leben jetzt ist.

GEDANKE DES TAGES

Drum still, mein Herz, und lass vergehen,
was irdisch und vergänglich heißt,
im Lichte droben wirst du sehen,
dass gut die Wege, die er weist.
Und müsstest du dein Liebstes missen,
ja ging's durch kalte, finstre Nacht,
halt fest an diesem sel'gen Wissen:
dass Gott nie einen Fehler macht!

1943 in Stalingrad gedichtet, Verfasser unbekannt

»Hast du uns etwa hierher gebracht, damit wir in der Wüste sterben? Gab es denn nicht genug Gräber für uns in Ägypten? Warum hast du uns das angetan und uns aus Ägypten geführt? Haben wir dir nicht schon in Ägypten gesagt: Lass uns in Ruhe, wir möchten den Ägyptern dienen? Wir hätten lieber weiter für die Ägypter arbeiten sollen, als hier in der Wüste zu sterben!« Doch Mose sagte zum Volk: »Habt keine Angst! Wartet ab und seht, wie der Herr euch heute retten wird. Denn ihr werdet diese Ägypter nie wiedersehen. Der Herr selbst wird für euch kämpfen. Bleibt ganz ruhig!«

2. Mose 14,11-14

Mit Gottes Wundern rechnen

Sie kennen sicher das Quengeln und Drängeln von müden Kindern auf der Rückbank im Auto. Eigentlich geht die Fahrt in den lang ersehnten und wohlgeplanten Urlaub. Doch die Kinder können die Zeit im Auto kaum aushalten. Sie denken nicht an das Reiseziel, sie sind erschöpft und gelangweilt, leben im Moment und haben vergessen, dass Sie als Eltern ja nur diese Strapazen auf sich nehmen, weil Sie der Familie etwas Gutes tun wollen. Doch das spielt in einer solchen Situation eine untergeordnete Rolle. Es wird so viel gemeckert, dass man schon mal die Lust an solchen Aktionen verlieren kann.

Die Situation von Mose und seinem Volk lässt sich nicht direkt damit vergleichen. Aber eine gewisse Parallele gibt es doch. Gott weiß, dass er sein Volk retten will. Er will es von der Willkür und Gewalt der Ägypter befreien. Deshalb führt er es durch die Wüste in die Richtung, in der das neue Leben liegt. Doch da gibt es ein Problem auf dem Weg: das Rote Meer. Die Israeliten sind in großer Angst. Hinter ihnen nahen sich die Streitwagen der Ägypter, die sie zurückholen wollen. Vor ihnen das Meer, das sie nicht überqueren können. Und was tun sie? Sie greifen Mose an. Sie verdrehen die Tatsachen. Im Rückblick erscheint ihnen das Leben in Ägypten geradezu paradiesisch gewesen zu sein. Sie beschuldigen Mose, sie in den Tod zu führen. Ein schwerer Vorwurf, ein totaler Angriff auf Mose.

Kennen Sie auch solche Situationen, wo man im Vertrauen auf Gott mutige Schritte gewagt hat und dann feststellt: So einfach ist es dann doch nicht? Es gibt Hindernisse zu überwinden. Es gibt Gefahr und Not. Es wird eng und unkontrollierbar. Ausgang ungewiss.

Ein altes Ehepaar wird gefragt, wie es denn sein kann, dass sie immer noch zusammen sind. Ob sie denn nie an Scheidung gedacht hätten. Der Mann antwortet: »Nein, an Scheidung habe ich nie gedacht. An Mord schon öfter mal.« Eine Ehe kann solch ein Weg sein, den man im Vertrauen auf Gottes Hilfe begonnen hat. Und dann kommt der Ehealltag mit all seinen Herausforderungen. Charakterliche Unterschiede, Missverständnisse, Probleme mit Kindern, Stress am Arbeitsplatz und vieles mehr. Der Druck wächst und vielleicht hat der eine oder andere schon einmal gefragt: »Lieber Gott, warum hast du mich nicht gewarnt? Warum hast du zugelassen, dass ich diesen Menschen geheiratet habe?« Man steht wie das Volk Israel vor unüberwindbar scheinenden Schwierigkeiten und spürt den Druck im Nacken.

Das Volk Israel hat vergessen, dass Gott immer noch Gott ist. Und dass er uns keinen Weg beginnen lässt, auf dem es nicht auch weitergeht. Damals am Roten Meer greift Gott ein und öffnet dem Volk einen Weg mitten durch das Wasser hindurch. Mose streckt seine Hand aus und das Meer spaltet sich. Alle können trockenen Fußes hindurchgehen. Und das, obwohl alle so gemeckert und Mose – und damit auch Gott – die schlimmsten Vorwürfe gemacht und das Schlechteste unterstellt haben. Gott hat einen Weg, wo wir keinen Ausweg mehr sehen. Und statt uns in solchen notvollen Situationen gegen Gott zu wenden, sollten wir uns lieber vertrauensvoll zu ihm hinwenden und ihn bitten, einzugreifen.

Wenn ich an meine Ehe denke und auch an die von vielen anderen, die ich begleitet habe, kann ich immer wieder sehen, dass Gott eingegriffen hat. Er nimmt uns den Weg durch das Meer nicht ab. Aber er hält die Wellen davon ab, uns zu verschlingen.

Lange Zeit hatte ich an meinem Kühlschrank eine Karikatur hängen. Mose erhebt den Stab über das Wasser, auf beiden Seiten sieht man es meterhoch stehen wie eine Wand, das Volk läuft mitten hindurch. Über dem Kopf von Mose ist eine Sprechblase. Er fragt die Menschen, die an ihm vorbeiziehen: »Wie meinst du das, der Weg ist dir zu matschig?«

Gott tut große Wunder, wo wir an das Ende unserer Möglichkeiten kommen. Das gilt für eine Ehe, die in die Krise gerät, das gilt für Sorgen und Krankheitsnöte, die sich nicht in Luft auflösen, das gilt für Konflikte und Sackgassen in Beziehungen. Gott öffnet Wege mitten durch die Probleme hindurch. Aber er mutet uns nie mehr zu, als wir schaffen können.

Die Israeliten erleben das große Wunder, dass sie das Meer durchqueren können. Und sie erleben zusätzlich, dass ihre Feinde vernichtet werden. Sie werden von den Wassermassen hinweggespült. Gottes Plan ist aufgegangen. Er wusste, was er tat. Und er weiß, was er tut. Nun ist es an uns, ihm zu vertrauen. (EW)

IMPULS

Nehmen Sie sich ein wenig Zeit, um über diesen alten Liedtext von Hedwig von Redern zu meditieren:

Weiß ich den Weg auch nicht, du weißt ihn wohl;
das macht die Seele still und friedevoll.
Ist's doch umsonst, dass ich mich sorgend müh,
dass ängstlich schlägt das Herz, sei's spät, sei's früh.

Du weißt den Weg ja doch, du weißt die Zeit,
dein Plan ist fertig schon und liegt bereit.
Ich preise dich für deiner Liebe Macht,
ich rühm die Gnade, die mir Heil gebracht.

Du weißt, woher der Wind so stürmisch weht,
und du gebietest ihm, kommst nie zu spät;
drum wart ich still, dein Wort ist ohne Trug,
du weißt den Weg für mich – das ist genug.

Schreiben Sie das heutige Datum auf einen Zettel und welche Not Sie im Moment bedroht. Legen Sie den Zettel in Ihre Bibel und holen Sie ihn in einem halben Jahr wieder hervor. Was hat Gott getan? Hat sich die Situation verändert?

GEDANKE DES TAGES

Und so ist's mein gewisser Glaube, dass am Ende alles gut ist und alle Trauer nur der Weg zu wahrer heiliger Freude ist.

Johann Christian Friedrich Hölderlin

Entdecken Sie die Kraft des Vertrauens

Auf den Befehl des Herrn hin verließen die Israeliten die Wüste Sin und zogen von Lagerplatz zu Lagerplatz. Schließlich schlugen sie ihr Lager in Refidim auf. Doch dort gab es kein Trinkwasser. Da machten die Israeliten Mose Vorwürfe und forderten: »Gib uns Wasser zum Trinken!«

»Warum macht ihr mir Vorwürfe?«, entgegnete Mose. »Und warum fordert ihr den Herrn heraus?« Die Israeliten aber waren sehr durstig und sie beklagten sich bei Mose: »Warum hast du uns bloß aus Ägypten geführt? Etwa damit wir, unsere Kinder und unser Vieh verdursten?«

2. Mose 17,1-3

Die guten alten Zeiten

Um Vertrauen soll es in dieser vierten Woche gehen. Wie gut ist es, wenn wir den kennen, der absolut vertrauenswürdig ist! Mose muss ihn gekannt haben – und das hat ihm Kraft gegeben. Für ihn und das Volk Israel hat die eigentliche Reise in das verheißene Land begonnen. Die Israeliten haben Ägypten verlassen, das Schilfmeer durchquert und nehmen nun Kurs auf Kanaan. Was haben sie nicht alles erlebt! Eine Art himmlischer Cateringservice sorgt für sie – täglich lässt Gott Brot vom Himmel regnen. Ein göttliches Navigationssystem leitet sie absolut zuverlässig bei Tag und Nacht. Also, alles gut, Überleben und Ankommen gesichert. Mit einem fröhlichen Lied auf den Lippen geht es schnurstracks ins Gelobte Land – sollte man meinen.

Im Umgang mit der eigenen Geschichte gibt es zwei Möglichkeiten: Wir können sie ignorieren oder aus ihr lernen. Aber was lernen wir? Im schlimmsten Fall gilt, was ein Zyniker einst so ausgedrückt hat: »Eines können wir aus der Geschichte lernen, nämlich, dass wir nichts aus ihr lernen.«

Letzteres trifft einen wunden Punkt in unserer Nachfolge. Die guten Erfahrungen mit Gott haben in unseren Erinnerungen nur eine geringe Halbwertszeit. Wir vergessen Gottes Geschichte mit uns. Wie schnell holt uns der Alltag ein, wie schnell verkehrt sich unser Loben in ein haltloses Gemeckere. Nach einem zu Herzen gehenden Lobpreisabend schweben wir förmlich nach Hause. Menschen haben von den großen Taten Gottes erzählt, wir haben erkannt, welches Wunder Gott in der letzten Woche in unserer Familie getan hat. Wir versprechen Jesus ewige Treue, aber noch am selben Abend reicht eine Beule im Auto oder eine streikende Heizung, um Gottes Fürsorge wieder grundlegend infrage zu stellen.

Gerade noch hatten Mose und die Israeliten Gott geehrt. Die vielen Menschen hatten ohne Verluste und trockenen Fußes das Schilfmeer durchquert. Das Heer des Pharaos war in den nachströmenden Fluten umgekommen. Es war ein Wunder. Alle waren gut drauf, Mose sang ein Lied und seine Schwester Mirjam sorgte für die Musik und den Tanz. Sie können die Geschichte in 2. Mose 15 nachlesen. Das Lager hallte wider von Begeisterung und Freude. Alles gut. Jetzt geht's nach Hause. Kanaan wartet. Aber zwischen ihrer alten Heimat und der neuen liegt die Wüste. Brennend heißer Wüstensand, brüllendes Vieh, schreiende Kinder, Frauen und Männer, die bis zur Erschöpfung ihre Lasten tragen. Die Wasserversorgung wird zum Problem.

In der Wüste Sin schlagen sie ihr Lager auf und … proben den Aufstand. Sie meckern, sie klagen, sie schütteln die Fäuste und ihr Protest trifft Mose: Warum hast du uns bloß aus Ägypten geführt?

Nur damit wir es nicht vergessen: Das sind die Leute, die miterlebt haben, wie Ägypten von einer Froschinvasion heimgesucht wurde, die gesehen haben, wie sich auf die Anweisung ihres Leiters der Nil rot färbte und Hagel die gesamte Ernte vernichtete. Das sind die Familien, die Zeugen wurden, wie in jeder ägyptischen Familie ein Kind starb, ohne dass dieses Unheil sie selbst traf. Es ist das Volk, das trockenen Fußes ein riesiges Gewässer durchquert hat und anschließend vom Himmel mit täglicher Nahrung versorgt wurde.

Warum hast du uns bloß aus Ägypten geführt? Ja, geht's noch? »Was habt ihr aus der Geschichte gelernt?«, ist der aufmerksame Leser geneigt zu fragen, und die lapidare Antwort lautet: Nichts!

Doch auch ich fühle mich ertappt. Nehmen wir unser Christsein ernst, dann gehören wir zu den Menschen in unserem Land, die auf eine einzigartige Weise privilegiert sind. Gott hat uns erwählt vor aller Zeit und liebt uns auf unaussprechliche Art und Weise. Das Kernproblem unseres Lebens ist gelöst. Wir wissen um Versöhnung und Vergebung und haben ein Land verheißen bekommen, das so schön sein soll, dass sich jeder Versuch der Beschreibung erübrigt. Wir sind Kinder Gottes, unbeschreiblich geliebt und gesegnet. Wir haben das Gefängnis hinter uns und ein ewiges Ziel vor uns. Niemals, niemals zurück nach Ägypten!

Aber dazwischen liegt ein langer Weg, ein Weg, den wir nicht zu Unrecht mit »Wüste unseres Alltags« beschreiben. Die raubt uns nicht selten den letzten Nerv, überfordert uns und – und das ist wirklich das Verrückte – lässt uns frustriert nach den guten alten Zeiten blicken. Die sind Vergangenheit, waren ganz bestimmt nicht gut, aber die Erinnerung verklärt sie. Ohne Jesus hatten wir Probleme, mit Jesus haben wir mehr Probleme – so lautet die simple Rechnung. Das mit der Nachfolge ist alles so schwierig. Da drängt sich schon manchmal die Frage auf: Lieber Gott, wenn es dir doch so wichtig ist, dass wir dich lieben und dir dienen und ans Ziel kommen – warum mutest du uns das zu?

Die Antwort gibt Mose 40 Jahre später, kurz bevor sich das Volk im verheißenen Land niederlässt. *»Erinnert euch an den langen Weg, den der Herr, euer Gott, euch bis hierher geführt hat, an die vierzig Jahre in der Wüste. Er ließ euch in Schwierigkeiten geraten, um euch auf die Probe zu stellen. So wollte er sehen, wie ihr euch entscheiden würdet: ob ihr nach seinen Geboten leben würdet oder nicht«* (5. Mose 8,2; HFA).

Weil es nicht um den Etappensieg geht, sondern um ewige Herrlichkeit, mutet uns Gott eine Menge zu. Überaus glücklichen Tagen unseres Lebens folgen leidvolle Zeiten, die nur zu ertragen sind, weil er uns trägt. Zurück nach Ägypten ist keine Option. Die guten alten Zeiten hat es nie gegeben, sie sind ein Mythos. Nachdrücklich will ich ein Lied mitsingen, das zu einer Art Bekenntnis geworden ist:

Ich bin entschieden, zu folgen Jesus.
Ich bin entschieden, zu folgen Jesus.
Ich bin entschieden, zu folgen Jesus.
Niemals zurück, niemals zurück.

Sadhu Sundar Singh
(KGP)

Brian Doerksen hat ein Lied ähnlich dem obigen Zitat geschrieben: »Today«.

Today I choose to follow you
Today I choose to give my »yes« to you
Today I choose to hear your voice and live
Today I choose to follow you
As for me and my house
We will serve you
As for me and my house
We will spend our lives on you.

(Heute entscheide ich mich, dir nachzufolgen,
heute entscheide ich mich, dir mein Ja zu geben.
Heute entscheide ich mich, deine Stimme zu hören und zu leben,
heute entscheide ich mich, dir nachzufolgen.
Ich aber und mein Haus,
wir werden dir dienen.
Ich aber und mein Haus,
wir werden unsere Leben ganz dir hingeben.)

Ein ganz persönlicher Tipp: Ich habe dieses Lied als Klingelton auf meinem Handy installiert. So werde ich immer wieder daran erinnert, wem ich von Herzen nachfolgen und dienen will.

GEDANKE DES TAGES

Wenn es euch aber nicht gefällt, dem Herrn zu dienen, dann entscheidet euch heute, wem ihr gehören wollt: den Göttern, die eure Vorfahren jenseits des Euphrat verehrt haben, oder den Göttern der Amoriter, in deren Land ihr lebt. Ich aber und meine Familie, wir wollen dem Herrn dienen.

Josua 24,15 (HFA)

Da schrie Mose zum Herrn: »Was soll ich nur mit diesem Volk tun? Es fehlt nicht viel und sie steinigen mich!« Der Herr entgegnete Mose: »Geh mit einigen führenden Männern der Israeliten vor dem Volk her. Nimm deinen Stab, mit dem du auf den Nil geschlagen hast, mit. Ich werde auf einem Felsen am Horeb vor dich treten. Schlag auf den Felsen. Dann wird Wasser herausströmen und das Volk wird trinken können.« Und Mose tat es vor den Augen der führenden Männer Israels. Mose nannte den Ort Massa und Meriba, wegen der Vorwürfe der Israeliten. Sie hatten den Herrn herausgefordert, indem sie fragten: »Ist der Herr bei uns oder nicht?«

2. Mose 17,4-7

Da hilft nur noch beten

Gary Thomas weist in einem Artikel, den er für die Zeitschrift AUFATMEN geschrieben hat, auf ein Phänomen unseres Geistes hin. Es gibt in unserem Gehirn so etwas wie den »Zustand der Toleranz«. Unser Verstand gewöhnt sich an alles, was immer wieder passiert. Der wissenschaftliche Begriff dafür ist: Neuroplastizität. Ein Beispiel macht deutlich, was gemeint ist: Meine Frau und ich haben zwanzig Jahre im Gemeindehaus gewohnt und das steht direkt in der Einflugschneise des Bremer Flughafens. Jeder, der uns im Laufe der Jahre besucht hat, fragte irgendwann: »Die Flugzeuge fliegen aber sehr tief über euer Haus hinweg, stört euch der Lärm nicht?« Wir dagegen haben die Flugzeuge gar nicht mehr wahrgenommen. Zu vertraut war uns das tägliche Geschehen. Das gleiche Phänomen kennen wir vom Autofahren. Fahren wir vertraute Strecken, stellen wir nach einer Weile oft fest: Wir sind die letzten Kilometer wie im Traum gefahren und können uns gar nicht mehr an Einzelheiten erinnern. Das nennt man Neuroplastizität.

Das kann ein Segen sein, denn so können wir auch mit schlechten Lebensbedingungen klarkommen. Es kann aber auch eine Bedrohung sein, nämlich da, wo wir uns an die guten Dinge des Lebens gewöhnen, sie für selbstverständlich halten und nicht mehr dafür danken. Statt über den Segen zu staunen und unserem Gott immer und immer wieder dafür zu danken, nehmen wir alles wie selbstverständlich hin und sind sauer, wenn es einmal nicht so gut läuft wie gewohnt.

Es ist viel passiert, in den letzten Wochen, den Monaten, den vielen Jahren in der Wüste unseres Alltags. Nicht alles war gut. Wir haben alle ganz schön zu kämpfen und vielleicht stecken Sie gerade mittendrin. Aber unser Vater im Himmel ist da und lässt uns nicht. Wir sind der Gegenstand seiner Fürsorge. Wir sind seine geliebten Kinder. Deshalb ist es angesagt und gut, wenn wir unserem Vater im Himmel immer wieder von Herzen Danke sagen. *Wie gut ist es, dir, Herr, zu danken und dich, du höchster Gott, zu besingen, schon früh am Morgen deine Gnade zu loben und noch in der Nacht deine Treue zu preisen ... Herr, was du tust, macht mich froh, und ich juble über deine großen Taten ... Nur ein unvernünftiger Mensch sieht das nicht ein, nur ein Narr kann nichts damit anfangen* (Psalm 92,2-7; HFA).

Den Israeliten war nicht nach Danken zumute. Im Gegenteil, die beschwerliche Reise brachte sie an ihre psychischen und physischen Grenzen. Die Wunder der Vergangenheit waren Geschichte, an die man sich nicht mehr erinnerte. Stattdessen klagten sie an, meckerten, hätten die Reise am liebsten aufgegeben und wären nach Ägypten zurückgekehrt. Ihr Zorn richtete sich gegen Mose, der um sein Leben fürchten musste.

Was passierte? Die Bibel berichtet: *Da schrie Mose zum Herrn.* Er stand unter Stress, wusste nicht mehr weiter und machte doch das einzig Richtige: Er klagte seinem Gott seine Not.

In einer vor einigen Jahren durchgeführten Umfrage unter den Pfarrern der Anglikanischen Kirche in England gaben anonym 58 Prozent der Befragten an, dass sie ihren Beruf sofort aufgeben würden, wenn es ihnen wirtschaftlich möglich wäre. Aus vielen Gesprächen mit frei- und landeskirchlichen Pastoren hierzulande weiß ich, dass sich die Situation in Deutschland ähnlich darstellt. Ich habe eine Reihe von Pastoren beraten, die einfach nicht mehr konnten. Ich habe Gemeindeälteste und Mitarbeiter kennengelernt, die das Handtuch geschmissen haben. Nicht wenige sind über dem ständigen Ärger in der Gemeinde krank geworden. Und ähnlich ergeht es vielen Menschen an ihrem Arbeitsplatz. Vor einiger Zeit kam ein Mann zu mir, der es in seiner Firma nicht mehr aushielt. Der neue Chef hatte ihn ins Büro gerufen und zu ihm gesagt: »Nehmen Sie die Kündigung an, oder ich werde Ihnen das Leben hier so schwer machen, dass Sie von sich aus kündigen.« Schwere Zeiten, Zeiten, in denen wir nicht weiterwissen.

Auch Mose kommt wieder einmal – und es soll bestimmt nicht das letzte Mal sein – an seine Grenzen. Tag für Tag ist er um das Wohl eines wandernden Volkes bemüht, Tag für Tag Treffen mit Mitarbeitern, Schlichten von Streit, die riesige logistische Herausforderung in der Beschaffung von Nahrung und Wasser. Aber statt ein Dankeschön zu hören, wird er zum wiederholten Male zum Sündenbock. Der Zorn des Volkes richtet sich gegen ihn.

»Mose, hast du noch Lust?«, so möchte man den Mann fragen. »Warum tust du dir das an?«

Ja, warum tun Sie sich das an? Die tägliche Sorge für die Familie, den Kampf am Arbeitsplatz, wo Sie bemüht sind, glaubwürdig als Christ zu leben. Den rücksichtsvollen Umgang mit Ihrer alt gewordenen Mutter, Ihren Dienst als Ältester in der Gemeinde, die Mitarbeit im Kindergottesdienst, die so selbstverständlich hingenommen wird – oder was immer Ihr Leben kennzeichnet. Warum tun wir uns das an? Weil wohl noch mehr auf dem Spiel steht. Weil unser Tun und Lassen nicht nur eine diesseitige Bedeutung hat. Weil wir ihn kennen, ihn lieben und ihm dienen. Deshalb beten wir, deshalb betet Mose und gibt nicht auf. Mose schreit zu Gott und macht die Erfahrung, die ihn und uns überleben lässt: Gott erhört Gebet. Gott hört auf das Schreien seiner Kinder. (KGP)

IMPULS

Machen Sie es so, wie es uns auf einer Leitertagung empfohlen wurde. Statt weiterzureden, weiterzuargumentieren, wurden wir nach draußen geschickt, und jeder hatte Zeit, auf einem längeren Spaziergang Gott das zu sagen, was ihm nun so wichtig schien. Vielleicht haben Sie nicht viel Zeit, aber doch so viel, dass es zu einer kleinen Runde reicht. Während Sie gehen, beten Sie. Werfen Sie die Last Ihres Weges auf unseren großen Gott (vgl. Psalm 37,5).

GEDANKE DES TAGES
Ich bin vergnügt, erlöst, befreit.
Gott nahm in seine Hände meine Zeit,
mein Fühlen, Denken, Hören, Sagen,
mein Triumphieren und Verzagen,
das Elend und die Zärtlichkeit.

Hanns Dieter Hüsch[6]

Solange Mose seinen Arm hochhielt, waren die Israeliten im Vorteil. Doch immer, wenn er seinen Arm sinken ließ, gewannen die Amalekiter die Oberhand. Als nun Moses Arme schwer wurden, suchten Aaron und Hur ihm einen Stein, auf den er sich setzen konnte. Dann stützten sie seine Arme – der eine den linken und der andere den rechten. Auf diese Weise blieben seine Arme oben, bis die Sonne unterging. Deshalb gelang es Josua, das Heer von Amalek zu schlagen.

2. Mose 17,11-13

Wenn unser alles einfach nicht genug ist

Jeden Dienstagmorgen, um 8.15 Uhr, treffen wir uns in einem kleinen Kreis zum Gebet. Schwerpunkt dieses Frühgebets ist die Fürbitte. Wir beten für die Menschen, die Gottes Hilfe besonders nötig haben, besonders für die Kranken in unserer Gemeinde. Wenn ich dann mit ihnen spreche, kann ich sagen: Du, wir beten für dich – dienstags, ganz früh am Morgen. Die Reaktion ist immer dankbar und berührt. So wie ich mich darüber freue, wenn ich höre, dass jemand für mich betet. 1994 hat mich ein Mann aus unserer

Gemeinde angesprochen. Ich sollte ihm persönliche Gebetsanliegen aufschreiben. Er wolle in seiner Stillen Zeit für mich beten. Das ist jetzt 18 Jahre her. Am vergangenen Dienstag hat er zu mir gesagt:»Klaus, es wird wieder Zeit für ein Update.« Ich weiß nicht, das wie vielte es ist. Aber ich bin so froh, dass dieser Mann für mich betet, und andere tun es auch. Ich spüre das. Und ich bin dankbar für Menschen, die ihr Vertrauen in die Möglichkeiten Gottes durch ihr glaubensvolles Gebet ausdrücken.

Nachdem das Volk Israel aus Wassermangel gegen Mose rebelliert und Gottes Führung angezweifelt hatte, lagerte es erschöpft an der neu entdeckten Felsenquelle. Mose nannte den Ort Massa und Meriba, wegen der Vorwürfe der Israeliten. Sie hatten den Herrn herausgefordert, indem sie fragten:»*Ist der Herr bei uns oder nicht?*« (2. Mose 17,7). Doch schon galt es, eine neue Herausforderung zu meistern. Die Amalekiter, Nachfahren Esaus und wehrhafte Wüstenbewohner, waren wenig begeistert über die Neuankömmlinge aus Ägypten. Sie überfielen die Israeliten, und Mose beauftragte Josua, seinen späteren Nachfolger, der hier das erste Mal namentlich erwähnt wird, mit dem Kampf gegen die Feinde. Während dieser die Truppen zusammenstellte und gegen die Angreifer kämpfte, ging Mose mit Aaron und Hur auf eine höher gelegene Stelle und betete zu Gott. *Solange Mose seinen Arm hochhielt, waren die Israeliten im Vorteil. Doch immer, wenn er seinen Arm sinken ließ, gewannen die Amalekiter die Oberhand* (2. Mose 17,11).

Im letzten Jahrhundert gab es in England einen Prediger, dem man extra eine große Kirche baute, damit möglichst viele ihn hören konnten. Wenn Charles Spurgeon predigte, waren in der Regel 3000 Menschen versammelt. Natürlich kamen auch viele interessierte

Gäste, die wissen wollten, worin das Geheimnis dieses berühmten Predigers bestand. Einmal führte Spurgeon eine solche Gruppe durch das Gebäude. Als sie fast alles gesehen hatten, sagte er zu ihnen: »So, und jetzt muss ich Ihnen noch die Heizung zeigen.« Dann führte er sie in einen Raum, wo nur einige Dutzend Stühle standen. Die Besucher schauten etwas irritiert. Spurgeon erklärte ihnen: »Hier ist meine geistliche Heizung, die dafür sorgt, dass das Feuer des Heiligen Geistes brennt. Wenn ich predige, betet hier eine ganze Gruppe von Leuten für mich. Und so kann Gott Großes tun!« Spurgeon wusste: Mein Dienst steht und fällt mit dem Gebet für mich!

Josua und die Männer Israels kämpfen und Mose betet. So weit, so gut, aber die Geschichte scheint mehr als nur ein Stück jüdischer Historie zu sein, denn das Merkwürdige ist: Solange Mose die Hände hebt, siegt Israel, lässt er sie sinken, verliert es. Seltsam, was ist das für ein Spiel, das Gott hier mit seinem Diener spielt? Arme rauf – Israel siegt, Arme runter – Israel verliert! Was soll das?

Mir scheint, hier geht es neben der vordergründigen Berichterstattung über einen Wüstenkrieg um eine tiefe geistliche Wahrheit. Einerseits sind wir gefordert, geben alles und niemand erspart uns Mühe und Entbehrung. Nachfolge bedeutet Kampf, Wüstenwanderung, viele kleine Tage, Tage, die wir knicken können, Tage, die uns fordern und uns Angst machen. Wir strengen uns an, geben unser Letztes und wissen doch: Es reicht nicht. Es reicht nie. Es geht uns wie den Jüngern, die aufgefordert sind, 5000 Männer mit Essen zu versorgen, und die nur fünf Brote und zwei Fische in ihren Händen halten. Was ist das schon bei so vielen? Aber dann nimmt Jesus das Brot, blickt auf zum Himmel, betet – und es reicht. Es reicht für 5000 Männer und ihre Familien und es bleibt noch eine ganze Menge übrig. Die Jünger geben, was sie haben, der Rest ist Gottes Sache.

Josua und seine Leute geben ebenfalls alles, Mose gibt alles – und es reicht nicht. Seine Arme werden müde – selbst lobpreiserfahrene Menschen müssen irgendwann die Arme sinken lassen – und das Volk verliert.

Da gibt uns unser himmlischer Vater gleich noch eine zweite geistliche Wahrheit mit auf den Weg: Wir müssen es nicht alleine durchstehen. Gott stellt uns Menschen an die Seite, die uns helfen. Deshalb heißt es doch auch: *Wahrlich, ich sage euch auch: » Wenn zwei unter euch eins werden auf Erden, worum sie bitten wollen, so soll es ihnen widerfahren von meinem Vater im Himmel«* (Matthäus 18,19; LUT). Und: *Einer mag überwältigt werden, aber zwei können widerstehen, und eine dreifache Schnur reißt nicht leicht entzwei* (Prediger 4,12; LUT).

Haben Sie jemanden, der für Sie betet? Beten Sie für jemanden, der Ihr Gebet dringend nötig hat? Wir werden uns morgen noch einmal mit diesen Fragen beschäftigen, für heute mag es genug sein. (KGP)

IMPULS

Denken Sie in Ihrer Zeit mit Gott einmal darüber nach: Wer braucht mich? Wer würde sich freuen, wenn ich ihm sagen würde, dass ich bereit bin, für ihn zu beten? Überraschen Sie Ihren Arbeitskollegen mit diesem Angebot, oder die junge Nachbarin, oder die Mitarbeiterin vom Kindergottesdienst.

GEDANKE DES TAGES

Das Gebet ist die stärkste Form von Energie, die man erzeugen kann, so real wie die Schwerkraft.

Dr. Alexis Carrel

Ich selbst werde mich morgen auf den Hügel stellen, den Stab Gottes in der Hand.

2. Mose 17,9 (HFA)

Die geheime Kraft: das Gebet

D a ist ein ganzes Volk unterwegs in der Wüste, erschöpft, durstig, nur mit dem Nötigsten ausgestattet. Seine Führungsmannschaft ist mit der Situation überfordert. Aaron, Mirjam, Mose, Hur, Josua – Namen, die wir kennen und die für eine Generation stehen, die 40 Jahre lang ohne festen Wohnsitz auskommen musste. Eine Regierung ohne Ressourcen, ohne feste Staatsgrenzen, immer unterwegs. Und dann, als wäre all das noch nicht genug, werden sie von missgünstigen Nachbarn argwöhnisch beobachtet und schließlich offen bekämpft. Die Amalekiter, völkerkundlich eigentlich nahe Verwandte als Nachfahren von Jakobs Bruder Esau, stellen die Israeliten und zwingen sie zur Schlacht.

Schlimmer geht's nimmer – sagen wir. Aber dann kommt es noch dicker, und wir haben keine Ahnung, wie es weitergehen soll. Unsere Welt gerät aus den Fugen, und wir schreien zu Gott, weil wir daran festhalten: Nur er kann uns helfen. Gut, wenn wir das noch können, zu Gott schreien, aber auch das ist manchmal nicht mehr möglich. Die Not unseres Alltags lässt uns verzweifelt verstummen. Wer betet dann für uns, für wen beten wir? Über diese Fragen haben wir schon gestern kurz nachgedacht, heute wollen wir uns noch intensiver mit ihnen beschäftigen.

Die erste Frage: Haben Sie jemanden, der für Sie betet, wenn Sie in Schwierigkeiten sind? Ich rate Ihnen dringend, solche Menschen kennenzulernen. Wenden Sie sich zum Beispiel an die Seelsorger in Ihrer Gemeinde, schließen Sie sich verbindlich einem Hauskreis oder einer Kleingruppe an, suchen Sie sich einen Menschen, der bereit ist, für Sie zu beten und für sich beten zu lassen.

Gemeinde hat ganz viel mit dem Beten füreinander zu tun. Schon die frühe Kirche nahm diese Verantwortung sehr ernst und erlebte, wie Gott sich zum Glauben seiner Kinder stellt. Petrus ist ein gutes Beispiel dafür. Als der jüdische König Herodes Agrippa die frühe Gemeinde aus politischem Kalkül verfolgte, geriet auch Petrus in das Visier der Häscher. Er wurde verhaftet und unter schwerer Bewachung ins Gefängnis geworfen. Einige Stunden später kam er auf wundersame Art und Weise frei, und der Grund dürfte in dem liegen, was dieser schlichte Vers beschreibt: *Doch während Petrus im Gefängnis saß, betete die Gemeinde inständig für ihn zu Gott* (Apostelgeschichte 12,5).

Menschen treten vor Gott füreinander ein, weil sie glauben, dass er helfen kann und Gebet erhört. Am 22. Januar 2011, auf dem zweiten Christlichen Gesundheitskongress in Kassel, berichtete Schwester Stephanie Zurbrügg, was ihr passiert ist. Sie hatte die Diagnose Speiseröhrenkrebs erhalten. Dieser Krebs hatte sich so weit ausgebreitet, dass auch nach der Bestrahlung keine Besserung eingetreten war. Schwester Stephanie, die in einer Schwesternschaft in Gnadenthal lebt, hatte alles so weit für ihr Sterben vorbereitet und schon eine letzte Reise zu ihrer Familie in die Schweiz geplant, um sich, wie vom Arzt empfohlen, dort von ihren Lieben zu verabschieden. Sie erzählte: »Wir trafen uns eines Abends mit allen 16 Schwestern zum Gebet. Es wurde auch vorher schon öfters für mich gebetet. Dieses Mal spürte ich, wie eine sanfte Hand meine Speiseröhre salbte. Beim Hauptherd empfand ich, dass mein Tumor in die Hand genommen und einfach herausgezogen wurde. Von dem Tag an konnte ich wieder schmerzfrei und mit Appetit essen. Anstatt Abschied von meinen Geschwistern zu nehmen, waren wir gemeinsam auf der Piste zum Skifahren, was mich mit großer Begeisterung erfüllte. Die weiteren Untersuchungen ergaben keinen Befund mehr. Die Magenspiegelung ein Jahr später zeigte nicht einmal mehr eine Narbe.« Die Ärzte konnten nur eine außergewöhnliche Heilung feststellen.

Das führt mich zu einer zweiten, sehr einfachen Frage: Können Sie für andere beten? Nehmen Sie Anteil am Leben anderer Menschen und teilen Gottes Fürsorge, indem Sie für sie beten? Während Israel sich gegen einen übermächtigen Gegner behaupten musste, betete der Mann, der einst so unbedacht und ohne nachzudenken gehandelt hatte. Die Gnade Gottes hatte aus dem Totschläger einen Fürbitter gemacht.

Gerade während ich diese Zeilen schreibe, berichten die Nachrichtendienste fortwährend von der Verhaftung des mutmaßlichen Mörders dreier Kinder, die in den letzten Jahren auf schreckliche Weise ermordet wurden. Einer der an der Fahndung beteiligten Polizisten ist Mitglied unserer Gemeinde und hat unter der erfolglosen Suche sehr gelitten. Doch sein Hauskreis hat intensiv für die Aufklärung des Falls gebetet. Am

14. April 2011 wurde der Täter verhaftet und hat sofort ein umfassendes Geständnis abgelegt.

Können Sie für andere Menschen beten, für Ihre Stadt, unser Land? Oft bieten sich uns spontane Möglichkeiten. Bei meinen Besuchen im Krankenhaus habe ich das oft erlebt. Wenn ich für das erkrankte Gemeindemitglied bete, dann schließe ich auch gerne den Bettnachbarn mit ein. Meistens ist die Reaktion darauf sehr positiv und ich werde freundlich verabschiedet. Da ist einer, der beten kann, und er hat für mich gebetet! Einmal weinte die Frau im Nachbarbett sogar und bedankte sich unter Tränen. So sehr berührt hatte es sie, dass jemand für sie gebetet hatte.

O ja, man kann mit Gott reden! Wir dürfen für uns beten lassen. Wir dürfen für andere Menschen beten. Wie Gott auf Ihr Gebet antwortet, kann ich Ihnen nicht sagen. Das ist dann Ihre Geschichte, nicht meine. Aber immer und immer wieder werden wir in der Bibel ermutigt, zu beten und für uns beten zu lassen. Und manchmal passiert das ganz und gar Unerwartete! (KGP)

IMPULS

Manchmal finden wir nicht die richtigen Worte. Die Not anderer Menschen raubt uns den Atem. Hören Sie sich das Lied »Herr, hör mein Gebet«[7] von der CD »Jesus, ich vertraue dir« an, immer wieder, einige Male, und legen Sie alles in Gottes Hände.

GEDANKE DES TAGES

Zeit, Weise und Wege der Hilfe Gottes müssen wir ihm überlassen. Aber dass Gott uns zur rechten Stunde helfen wird, das wissen wir, das steht fest.

Martin Luther

Als Moses Schwiegervater sah, wie viel Mose für das Volk zu tun hatte, sagte er: »... Aber wähle ein paar fähige, gottesfürchtige und zuverlässige Männer aus, die unbestechlich sind. Ernenne diese dann zu Richtern über das Volk und übertrage ihnen die Verantwortung für jeweils 1000, 100, 50 und zehn Leute. Diese Männer sollen dem Volk Recht sprechen und die einfachen Streitfälle schlichten. Mit allen wichtigen und schwierigen Rechtsfragen sollen sie jedoch zu dir kommen. Verschaffe dir doch Erleichterung, dadurch dass sie dir ein Stück deiner Last abnehmen. Wenn du diesen Rat befolgst und er Gottes Willen entspricht, wird dir die Aufgabe nicht über den Kopf wachsen, und alle diese Menschen werden befriedigt nach Hause gehen.« Mose beherzigte den Rat seines Schwiegervaters.

2. Mose 18,14.21-24

Die Kraft des Loslassens

Mose bekommt Besuch. Seine Frau, seine beiden Söhne und sein Schwiegervater schauen nach ihm. Familienzusammenführung nach so langer Zeit – ehrlich, da hätte ich mir eine etwas ausführlichere Berichterstattung gewünscht. Wie lang hatte Mose seine Söhne nicht mehr gesehen? Wie lange nicht mehr seine Frau geküsst? Ausführlich wird nur der intensive Kontakt mit dem Schwiegervater berichtet, und mit diesem Bericht verbindet sich für uns eine wichtige geistliche Lektion!

Zunächst einmal wollte Jitro alles wissen, alles, was seit der Berufung seines Schwiegersohns passiert war. Mose erzählte es ihm, und Jitro freute sich, freute sich so sehr, dass er nach all diesen Geschichten einen Gottesdienst ansetzte. Wir erinnern uns: Der Schwiegervater war Pastor, pardon, Priester. *Und Jitro, Moses Schwiegervater, brachte Gott ein Brandopfer und ein Schlachtopfer dar. Da kamen Aaron und alle Ältesten von Israel, um mit Moses Schwiegervater das Mahl zu halten vor Gott* (2. Mose 18,12; LUT).

Am nächsten Tag begann für Mose wieder der ganz normale Alltag. Vom Morgen bis zum Abend bearbeitete er die großen und kleinen Angelegenheiten seiner Landsleute. Wie lang musste man auf einen Termin bei ihm warten? Wie lang war der Arbeitstag dieses Mannes? Wie kann man eine solche Verantwortung überleben? Früher oder später musste Mose zusammenklappen. Er hatte wohl einen brennenden Dornbusch erlebt, aber keine Ahnung von dem, was ein Burn-out ausmacht.

Heute wissen wir: Chronischer Stress, Überlastung, Mobbing, andauernde Konflikte, Perspektivlosigkeit und vieles mehr können dazu führen, dass wir ausbrennen! Nach einer Analyse der Bundespsychotherapeutenkammer werden immer mehr Menschen in Deutschland psychisch krank. Elf Prozent aller Fehltage gehen inzwischen auf das Konto psychischer Erkrankungen. Die Behandlungskosten für depressive Störungen liegen bei ca. fünf Milliarden Euro im Jahr. In der Fehlzeiten-Statistik der Krankenkassen stehen die psychischen Leiden ganz oben, bei der AOK inzwischen auf Platz eins.

Die Hilfe kommt für Mose in Gestalt seines Schwiegervaters. Der schaut sich den ganzen Betrieb eine Zeit lang an und kann dann aus der Distanz heraus einen weisen Rat geben: *Aber wähle ein paar fähige, gottesfürchtige und zuverlässige Männer aus, die unbestechlich sind. Ernenne diese dann zu Richtern über das Volk und übertrage ihnen die Verantwortung.* Mentoring nennt man so etwas. Fachliche und/oder seelsorgerliche Hilfe durch einen erfahrenen Berater, der die Sache überblickt und wirklich raten kann.

Im Neuen Testament ist es Timotheus, der in Paulus einen solchen väterlichen Freund hat. Sein Rat klingt ähnlich wie der des Jitro: *Mein lieber Timotheus! Werde stark im Glauben durch die Kraft, die Jesus Christus dir schenkt. Was du von mir in Gegenwart vieler Zeugen gehört hast, das gib jetzt an zuverlässige Christen weiter, die fähig sind, auch andere im Glauben zu unterweisen* (2. Timotheus 2,1-2; HFA).

Wenn Sie in der Wüste des Alltags überleben wollen, dann brauchen Sie Menschen, die Ihnen in guter Absicht und Weisheit raten. Und Sie brauchen Demut und Zeit, um sich raten zu lassen. In den frühen Jahren meines Pastorendaseins war es unser damaliger Gemeindeleiter, der mir dieser Freund war. Zwei-, dreimal die Woche rief er mich an, erkundigte sich nach meinem Befinden und gab mir unaufdringlich und sehr barmherzig Tipps für meinen Dienst. Ohne diesen Rückhalt hätte ich diese erste Zeit nicht gepackt. Heute ist er längst nicht mehr Gemeindeleiter, aber es vergeht keine Woche, in der er nicht anruft und sich erkundigt, wie es mir geht. Andere Freunde sind hinzugekommen. Ohne sie hätte ich es nicht gepackt. Ihr Zuspruch, ihre Freundschaft tragen mich.

Meine nachdrückliche Empfehlung: Suchen Sie den Rat weiser Männer und Frauen. Bleiben Sie korrekturfähig bis ins Alter. In jeder Phase unseres Lebens können wir lernen und sollten es auch. Nichts ist schlimmer als Beratungsresistenz, wenn wir uns nichts mehr sagen lassen, meinen, alles im Griff zu haben, und nicht merken, wie unsere kleine Welt sich auflöst. Heinrich Kemner, der Gründer und langjährige Leiter des geistlichen Rüstzentrums Krelingen, hat einmal gesagt: »Es ist eine merkwürdige Sache, die ich bei mir selber beobachten konnte: Je erholungsbedürftiger man ist, desto hektischer und nervöser wird man. Ja, man bildet sich ein, unentbehrlich zu sein. Wenn man diese Selbsttäuschung nicht durchschaut, wird man erst wach, wenn das Unglück da ist: wenn eigenwillige Entscheidungen gefällt werden, der Herzinfarkt kommt und der Todesengel vor der Tür steht.«

Es gehört viel dazu, sich raten zu lassen. Respekt vor Mose, der seinem Schwiegervater diese Vollmacht zugestand. Der außerdem in der Lage war, dem Rat Taten folgen zu lassen. Der Mann konnte loslassen, hielt sich nicht für unersetzlich. Wir nähern uns der Aussage, die viel später über dem Leben von Mose stehen wird: *Aber Mose war ein sehr demütiger Mensch, mehr als alle Menschen auf Erden* (4. Mose 12,3; LUT).

Lassen Sie los! Wenn Sie sich für unentbehrlich halten, glauben Sie mir, Sie irren sich. Diese Welt liegt nicht in unserer, sondern in Gottes Hand – und das ist gut so. (KGP)

IMPULS

Versuchen Sie, genau hinzuhören, wenn Ihnen in der nächsten Zeit jemand einen Rat geben will. Wiegeln Sie nicht zu schnell ab. Es ist die nicht selten irritierende Art Gottes, uns durch Menschen zu korrigieren, die auf unserer inneren Liste nicht unbedingt prädestiniert dafür erscheinen. Es könnte sein, dass Gott Ihnen sogar durch Ihre Schwiegermutter etwas sagen will!

GEDANKE DES TAGES

Der höchste Gott spricht immer noch zu uns, und er sagt immer noch dasselbe. Immer noch geht es um Gehorsam, um Vertrauen, um das Dienen.

Gordon MacDonald[9]

Etwa zwei Monate, nachdem sie Ägypten verlassen hatten, erreichten die Israeliten die Wüste Sinai. Sie hatten Refidim verlassen, waren in die Wüste Sinai gekommen und schlugen dort am Fuß des Berges Sinai ihr Lager auf. Mose bestieg den Berg, um vor Gott zu treten. Der Herr rief ihm vom Berg aus zu: »Richte den Nachkommen Jakobs, den Israeliten, Folgendes aus: Ihr habt gesehen, was ich den Ägyptern angetan habe. Ich habe euch sicher hierher zu mir gebracht, so wie ein Adler seine Jungen auf seinen Flügeln trägt. Wenn ihr mir nun gehorcht und den Bund haltet, den ich mit euch schließen werde, sollt ihr vor allen anderen Völkern der Erde mein besonderes Eigentum sein, denn die ganze Erde gehört mir. Ihr sollt mir ein Königreich von Priestern, ein heiliges Volk sein. Richte den Israeliten diese Worte aus.« Mose kehrte vom Berg zurück, rief die führenden Männer des Volkes zusammen und teilte ihnen alles mit, was der Herr ihm aufgetragen hatte. Die Israeliten waren einer Meinung: »Wir wollen alles tun, was der Herr uns sagt.« Diese Antwort des Volkes überbrachte Mose dem Herrn.

2. Mose 19,1-8

Gottes Herrlichkeit im Alltag begegnen

Welch ein Glanz liegt über einem Leben, das diese Überschrift trägt: *Wir wollen alles tun, was der Herr uns sagt.* Etwas Besseres kann uns nicht passieren, kein Ziel kann höher sein, kein Versprechen eine größere Bedeutung haben. Uns erschließen sich weites Land, unendliche Möglichkeiten und eine unvorstellbare Zukunft, wenn diesem Versprechen unsere rückhaltlose Zustimmung gilt. Der Glanz der Ewigkeit wird unseren Alltag prägen. Völlig unabhängig von Karriere und gesellschaftlichem Stand werden wir erfüllt leben und selig sterben.

In der Wüste offenbart sich der allmächtige Gott seinem Volk. In der Wüste steigt Mose auf den Berg Gottes und erlebt etwas, das sein Leben, das Leben der Israeliten und das Schicksal aller Menschen verändert. Der Allmächtige redet mit ihm wie mit einem Freund und offenbart dem inzwischen alt gewordenen Mann seinen erklärten Willen. Am Ende dieser Geschichte hat Mose nur noch einen Wunsch – alles andere ist ihm nicht mehr wichtig: Lass mich deine Herrlichkeit sehen (2. Mose 33,18; LUT).

Was ist Ihnen wichtig? Was wünschen Sie sich für Ihre Wanderung durch die Wüste des Alltags? Was ist, wenn Gott Sie überraschen würde, alle Routine durchbräche und zu Ihnen redete? Wenn er an einem ganz normalen Tag die Erde berührte und seine Herrlichkeit offenbarte?

In Carville, Louisiana, gibt es die einzige Leprastation der USA. Brennan Manning, Priester und ein bekannter christlicher Schriftsteller, arbeitete dort ehrenamtlich mit. Er erzählt in einem seiner Bücher von Yolanda, einer Leprakranken. Sie hatten ihn gerufen, weil sie im Sterben lag. Die Krankheit hatte ihr einst so wunderschönes Aussehen zerfressen und sie schrecklich zugerichtet. Sie hatte keine Finger mehr, der Mund war stark verzogen, die Ohren entstellt. Manning salbte Yolanda mit Öl und segnete sie. Und dann schreibt er:

»Plötzlich war der Raum von einem blendenden Licht erfüllt. Als ich mich Yolanda wieder zuwandte – und wenn ich 300 Jahre alt werde, ich werde niemals Worte finden, um zu beschreiben, was ich sah –, war ihr Gesicht wie die Sonne ... Ich sagte: ›Yolanda, du siehst sehr glücklich aus.‹ Sie entgegnete: ›O Vater, ich bin so glücklich.‹ Ich fragte sie: ›Willst du mir sagen, was dich so glücklich macht?‹ Sie erwiderte: ›Ja, der Vater von Jesus hat mir gesagt, dass er mich nach Hause holen wird.‹ Nach längerem Schweigen erkundigte ich mich, was der Vater im Himmel gesagt habe. Yolanda antwortete mit Worten aus der Bibel, aus dem Hohelied: ›Steh auf, meine Freundin, meine Schöne, und komm. Denn der Winter ist vorüber, die Regenzeit ist vorbei und vergangen. Die Blumen beginnen zu blühen, die Zeit des Singens ist gekommen. Überall im Land hört man die Turteltaube gurren. Die Feigenbäume tragen Knospen, die Reben stehen in Blüte und verströmen ihren Duft. Steh auf, meine Freundin, meine Schöne, und komm! Lass mich dich sehen; lass mich deine Stimme hören! Denn deine Stimme ist wundervoll und du siehst so schön aus.‹ Sechs Stunden später ging sie heim. Yolanda konnte weder lesen noch schreiben. Nie im Leben hatte sie die Bibel oder ein anderes Buch gelesen. Niemand hatte sie diese Worte gelehrt.«[8]

Unser Weg wird zu keiner Zeit ein leichter sein. Er war es damals nicht und ist es heute nicht. Aber Gott ist da, jeden Augenblick, am Sonntag wie am Montag. Eines Tages, wenn meine Zeit hier zu Ende geht, will ich dieses Fazit ziehen können, Gott so erlebt haben: *Ihr habt gesehen, was ich mit den Ägyptern getan habe und wie ich euch getragen habe auf Adlerflügeln und euch zu mir gebracht* (2. Mose 19,4; LUT). Nach so vielen Jahren, die ich mit Jesus unterwegs bin, kann ich das unbedingt sagen: Nichts lohnt sich mehr als dieses Versprechen: *Wir wollen alles tun, was der Herr uns sagt.* Wie oft mein Leben dem nicht entsprach? Fragen Sie nicht! Wir leben von der Treue Gottes, ich lebe von ihr. Wir leben von dem, der uns unendlich liebt, wir leben von Gnade, einfach nur von Gnade. »Ja, ich will euch tragen bis zum Alter hin. Und ihr sollt einst sagen, dass ich gnädig bin« (Jochen Klepper). (KGP)

IMPULS

Vielleicht ist es ein ganz gewöhnlicher Tag, an dem Sie diese Andacht gelesen haben. Rechnen Sie heute mit dem Allmächtigen. Erwarten Sie sein Reden in Ihrem Leben und beginnen Sie das Gespräch mit ihm mit einem aufrichtigen Wunsch: »Ich will alles tun, was du, Herr, mir sagst.« Und dann hören Sie einfach nur zu.

GEDANKE DES TAGES

Das Bedürfnis hingeben, unseren eigenen Weg zu gehen – das ist Loslassen.

Richard Foster

Und Gott redete alle diese Worte: Ich bin der HERR, dein Gott, der ich dich aus Ägyptenland, aus der Knechtschaft, geführt habe. Du sollst keine anderen Götter haben neben mir.

2. Mose 20,1-3 (LUT)

Die Zehn Gebote – Gott meint es gut mit uns

Gott meint es wirklich gut mit uns. Deshalb lässt er uns nicht einfach laufen, überlässt uns nicht unserem Schicksal, sondern macht deutlich, was gut und was schlecht für unser Leben ist. Das ist nicht immer angenehm, entspricht nicht immer dem, was wir gerne hätten, aber es ist unverzichtbar, wenn das Leben gelingen soll. Es wird deshalb immer wieder unsere Entscheidung sein: Vertrauen wir Gott? Sind die Zehn Gebote für uns alte und unverzichtbare Freunde oder nur flüchtige Bekannte oder gar Feinde? Auf jeden Fall sind sie einfach da, nehmen für sich in Anspruch, Gottes Wort und Wille zu sein, und stellen uns vor eine schwerwiegende Wahl: Richten wir uns nach ihnen oder lassen wir es? Ein ganzes Leben lang müssen wir uns entscheiden, mit guten und weniger guten Folgen, die diese Entscheidungen nach sich ziehen.

Mit vierzehn Jahren habe ich mich entschieden, nicht mehr zum Zahnarzt zu gehen. Entgegen der Fernsehwerbung hatte der Zahnarzt bis dahin immer wieder bei mir gebohrt, wenn ich zur Behandlung kam. Also ging ich einfach nicht mehr hin. Mit zweiundzwanzig Jahren habe ich dafür bezahlt. Vier Wochen Grundsanierung! In dieser Zeit wurde der Zahnarzt mein persönlicher Feind! Ohne Zweifel – eine falsche Entscheidung!

Mit sechzehn Jahren habe ich mich entschieden, Christ zu werden. Ohne Zweifel – das war die beste Entscheidung meines Lebens! Zugegeben, es kostet etwas, Gott ernst zu nehmen und sich auf das Wagnis des Glaubens einzulassen. Es macht schon einen Unterschied, ob Gottes Wille, ob die Zehn Gebote in meinem Leben eine Rolle spielen oder nicht.

Horst Hirschler war von 1989 bis 1999 Bischof der evangelisch-lutherischen Kirche in Hannover. Im Nachrichtendienst der Evangelischen Allianz fand ich folgende kleine Geschichte über ihn: Eines Tages bekam Hirschler einen Anruf von RTL. Eine junge Frauenstimme war am Apparat, im Hintergrund Stimmengewirr. Sie fragte: »Ist da jemand von der Kirche?«

»Ja«, antwortete der Bischof, »hier ist Bischof Hirschler«.

»Toll«, sagte sie und rief dann in den Hintergrund: »Mensch, Leute, ich habe einen richtigen Bischof dran.« Dann wandte sie sich wieder an Horst Hirschler: »Wir sind vom Team der Sendung ›Wie bitte?‹ und haben da eine Frage. Sagen Sie mal, es gibt doch in der katholischen Kirche so Gebote, kennen Sie die?«

»Ja«, meinte Hirschler, »das sind dieselben wie in der evangelischen Kirche.«

»Ach«, sagte sie, »was steht denn da drin? Sind das viele?«

»Es sind insgesamt zehn und da stehen ganz vernünftige Sachen drin: Fünftes Gebot: Du sollst nicht töten!, sechstes Gebot: Du sollst nicht ehebrechen!, achtes Gebot: Du sollst keine falschen Nachrichten senden.«

»Ach«, erwiderte sie, »das ist ja interessant. Können Sie uns die mal durchfaxen?«

Das hat der Herr Bischof dann getan! Und so kamen die Zehn Gebote samt Katechismus zu RTL. Ob es was genützt hat?

Wie viele Menschen unserer Tage kennen Gottes Sicht der Dinge gar nicht mehr. Schlimmer noch: So viele kennen Gott nicht mehr und rennen stattdessen anderen Göttern nach. Gottes Gebot »Du sollst keine anderen Götter neben mir haben!« bekommt eine geradezu unheimliche Aktualität. Denn unbestritten ist: Jeder von uns trifft in jungen Jahren bewusst oder unbewusst eine Entscheidung, welchem Gott er dienen will. Und diese Entscheidung wird im Laufe eines Lebens immer wieder erneuert oder verworfen.

Wem dienen wir? Welchen Gott beten wir an? Nehmen wir den Gott des Geldes. Immer mehr, um jeden Preis, und der Preis ist hoch. So viele geschiedene Ehen, Kinder ohne Heimat, alte Leute, abgeschoben und vergessen. Wie viel Stress sehe ich in Familien, weil man auf eines unter gar keinen Umständen verzichten will, selbst wenn die Familie und die Gesundheit dabei draufgehen: auf Geld und Macht.

Oder der Gott mit dem Namen »Hauptsache Spaß«. Schon lange sprechen wir ganz offen von der bundesdeutschen Spaßgesellschaft, Komasaufen wird zum Abenteuer, Liebe reduziert auf die alles erfassende Welle der Pornografie. Das Leben wird ein immerwährender Rausch der Sinne. Seltsam nur, dass all die Leute, die sich diesem Gott hingeben, einen so gefangenen

Eindruck machen. Irgendwie sehen sie gar nicht glücklich aus.

Da sind die Götter der Esoterik, zwielichtige Gestalten, die Menschen gefangen nehmen. Fitness- und Schönheitswahn entwickeln sich zu Götzen mit totalitärem Anspruch. Oder ganz unspektakulär: der Gott betulicher Bürgerlichkeit, dessen einziges Gebot lautet: Tue recht und scheue niemand.

Es ist so – irgendeinem Gott dienen wir. Wäre es da nicht sinnvoll, den einzigen wahren Gott kennenzulernen und ihm zu dienen? Dem Gott, der einst zu Israel gesagt hat: *Ich bin der Herr, dein Gott, der ich dich aus Ägyptenland, aus der Knechtschaft geführt habe?*

Gott kennenzulernen bedeutet: Raus aus der Knechtschaft, aus dem Gefängnis der vielen Götzen, die uns in die Wüste führen und uns dort verhungern lassen.

Mit Gott unterwegs zu sein bedeutet: Überleben in der Wüste. Immer und immer wieder erlebe ich Gottes Fürsorge und Treue. Sein Wort wird mir wichtig, seine Gebote meinen es gut mit mir.

1870 sank in der Biskaya ein deutsches Schiff. Die ganze Besatzung kam dabei ums Leben. In einer angeschwemmten Matrosenjacke fand man ein Neues Testament mit einer Eintragung: »Markus Rottmann, 1864. Das erste Mal gelesen um der Bitte meiner Schwester Lotte willen. Das zweite Mal gelesen aus Angst um meine Seele. Das dritte Mal und all die anderen Male aus Liebe zu meinem Heiland.«

Mose war es, dem Gott seine Gebote anvertraute. Heute schlagen wir die Bibel auf und stehen vor der gleichen Entscheidung wie damals das Volk Israel: Glauben wir, dass Gott es gut mit uns meint? Wenn ja, dann ist sein Wort die unverzichtbare Richtschnur in unserem Alltag. (KGP)

Ernst Modersohn, evangelischer Pfarrer, hat vor 100 Jahren einen Rat gegeben, der nichts an Aktualität vermissen lässt:

»Wenn man das Wort Gottes pflichtmäßig und mechanisch liest, wird man nicht viel Nutzen davon haben. Ich habe erst von der Zeit an Segen vom Bibellesen gehabt, als ich angefangen habe, die Bibel mit dem Fragezeichen der Selbstprüfung zu lesen. Dadurch wird das Wort lebendig und persönlich, wenn man sich beim Lesen des Wortes fragt: Habe ich das? Weiß ich das? Tue ich das? Will ich das? Wenn man so das Wort Gottes liest, dann fängt über dem Lesen der Herr an, mit uns zu reden. So kommt man, ohne dass man es merkt und weiß, ins Gebet hinein.«

Lesen Sie die Zehn Gebote einmal komplett durch und fragen Sie konkret, was das mit Ihrem Leben macht. Sie finden sie im Alten Testament in 2. Mose 20.

GEDANKE DES TAGES

Hör auf Gott in seinen Geboten, damit
er auf dich hört in deinen Gebeten.

Johannes Chrysostomus

5. Woche

Entdecken Sie die Kraft der Beziehung zu Gott

Mose bestieg den Berg, um vor Gott zu treten. Der Herr rief ihm vom Berg aus zu: »Richte den Nachkommen Jakobs, den Israeliten, Folgendes aus: ›Ihr habt gesehen, was ich den Ägyptern angetan habe. Ich habe euch sicher hierher zu mir gebracht, so wie ein Adler seine Jungen auf seinen Flügeln trägt. Wenn ihr mir nun gehorcht und den Bund haltet, den ich mit euch schließen werde, sollt ihr vor allen anderen Völkern der Erde mein besonderes Eigentum sein, denn die ganze Erde gehört mir. Ihr sollt mir ein Königreich von Priestern, ein heiliges Volk sein.‹ Richte den Israeliten diese Worte aus.«

2. Mose 19,3-6

Gott im Alltag suchen

Es war mitten in der Nacht. Ich hatte im Laufe des späten Nachmittags im Hotel in Malaysia eingecheckt und war vom Jetlag, der Zeitumstellung zwischen Deutschland und Asien, müde. Ich wollte gleich ins Bett und holte nur schnell die Sachen für die erste Nacht aus meinem Koffer. Gegen drei Uhr nachts lokaler Zeit hörte ich laute Stimmen. Schreie. Männer und Frauen, die miteinander diskutierten. Ich dachte nur: eine Gruppe von Touristen, die gerade nach Hause kommt. Doch dann hielt der Lärm an und ich merkte:

Hier stimmt etwas nicht. Ich schaute durch den Spion in der Zimmertür und sah, wie mehrere Gestalten in Nachthemden und Pyjamas durch den Flur rannten. Immer noch unsicher, was mich erwartete, öffnete ich die Türe und sah, dass aus dem schräg gegenüberliegenden Zimmer Rauch entwich. Feuer! Was tun? Warum ertönte kein Alarm?

Ich ging zurück ins Zimmer und rief die Rezeption an. Sie sagten, dass ich im Zimmer bleiben und warten solle, bis ich weitere Anweisungen erhielte. Dann geschah erst einmal nichts. Als ich nach wenigen Minuten wieder in den Flur schaute, waren einige Männer dabei, mit großen Feuerlöschern den Brand zu löschen. Der Flur hatte sich inzwischen mit Rauch gefüllt. Man konnte nicht mehr weit sehen. Dann kam die Entwarnung: Es war noch einmal gut gegangen und nach einer Stunde war alles wieder in Ordnung! Doch an Schlafen war erst einmal nicht zu denken.

Erst jetzt fingen meine Gedanken an zu rasen. In jedem Hotelzimmer hängt ein Schild an der Türe, wo die nächsten Notausgänge sind und wie man auf dem kürzesten Weg dorthin kommt. Ich hatte diese Schilder zwar immer aus dem Augenwinkel wahrgenommen, mich aber nie wirklich mit den Anweisungen darauf beschäftigt. Im Zweifelsfall hätte ich gewusst, wo die Schilder hängen, aber nicht, was genau darauf steht und wo der Notausgang ist. Seither habe ich mein Verhalten geändert. Ich lese immer die Schilder und versuche mir einzuprägen, in welche Richtung ich im Notfall rennen muss, um auch durch dichten Rauch hindurch noch den Ausweg zu finden.

Gehen wir noch einmal zurück in der Geschichte von Mose, kurz bevor Gott ihm die Zehn Gebote mitteilt. Das Volk Israel ist jetzt schon drei Monate auf dem Weg in die Freiheit. Vieles hat sich organisiert. Mose hat neue Führungsstrukturen geschaffen. Es gab auf dem Weg auch Kämpfe, die mit anderen Völkern geführt werden mussten. Mit Gottes Hilfe wurden diese Schlachten gewonnen. Nun sind die Israeliten am Berg Sinai angekommen und lagern sich in der Wüste. Alles ist Routine geworden, alles läuft glatt. Doch Mose weiß, dass er zu Gott gehen muss, um im Zweifelsfall gerüstet zu sein für die Nöte und Kämpfe, die noch vor dem Volk liegen. Er sucht Gott, mitten im Alltag. Er reißt sich heraus aus den alltäglichen Versorgungsproblemen und bittet Gott um Rat. Seine Aufgabe, im Volk Recht zu sprechen, hat er gut delegiert und so organisiert, dass er abkömmlich ist.

Mose nimmt sich die Zeit, das Wichtigste wieder zum Wichtigsten werden zu lassen: Er sucht Gottes Angesicht. Dazu muss er auf einen Berg steigen. Es ist anstrengend und mühsam. Doch Mose ist der Einzige im Volk, zu dem Gott direkt redet. Und deshalb ist es lebensnotwendig für alle um ihn herum, dass er im Namen des Volkes mit Gott spricht und von Gott hört. Mose weiß nicht nur, wie Gott zu finden ist, er macht sich aktiv auf und begegnet Gott – ganz allein.

Bemerkenswert ist: Mose macht sich auf den beschwerlichen Weg zu Gott und Gott ruft ihm auf dem Weg schon etwas von ferne zu. Das Interesse an der Begegnung ist also nicht einseitig, sondern beide Seiten suchen den direkten Kontakt. Gott freut sich, dass Mose kommt, denn er hat ihm viel zu sagen. Und Mose ist froh, dass Gott zu ihm redet, denn so weiß er, wie es mit ihm und dem Volk weitergehen wird. Und was hört er von Gott? Zuspruch, nichts als Zuspruch. Gott erinnert Mose an all das, was sie als Volk schon mit ihm erlebt haben. Und er erinnert an den Bund, den er mit ihnen schließen will: Gott will das Volk zu seinem

Eigentum machen und sie sollen ein heiliges Leben für und mit Gott leben.

Mitten im Alltag geht es mir oft so, dass ich eigentlich weiß, dass ich diese Begegnung mit Gott brauche. Dass ich weiß, wo ich Hilfe und Wegweisung finden kann. Doch meine Bibel liegt unberührt auf dem Schreibtisch. Statt mich intensiv mit den Anleitungen Gottes zu beschäftigen, gehe ich im alltäglichen Kleinkrieg unter. Das ist nicht nur dumm, es ist auch fahrlässig. Denn vielleicht will Gott mich ja vor etwas warnen, mich zu etwas einladen, mir einen neuen und guten Weg zeigen. Doch ich nehme mir nicht die Zeit, zu Gott zu gehen. Dabei muss ich noch nicht einmal einen beschwerlichen Aufstieg auf einen Berg machen, sondern mich nur hinsetzen und vor Gott still werden. Er ist da und wartet auf mich. Er kommt mir entgegen. Gerade jetzt, wo ich diese Zeilen schreibe bzw. wo Sie diese Zeilen lesen. (EW)

IMPULS

Nehmen Sie sich jetzt oder spätestens in Ihrer Mittagspause Zeit, mit Gott zu reden. Auch wenn die Berge von Arbeit und Haushalt hoch sind, gehen Sie noch heute zu Gott und fragen Sie ihn, was er auf dem Herzen hat, was er Ihnen sagen will. Schreiben Sie es auf.

GEDANKE DES TAGES

Der Glaube bringt den Menschen zu Gott, die Liebe bringt ihn zu den Menschen.

Martin Luther

Da bestieg Mose mit seinem Diener Josua den Berg Gottes. Zu den führenden Männern aber hatte Mose gesagt: »Bleibt hier und wartet auf uns, bis wir zu euch zurückkommen. Wenn ihr in meiner Abwesenheit Rechtsstreitigkeiten habt, fragt Aaron und Hur um Rat, die hier bei euch sind.« Dann stieg er auf den Berg, den daraufhin die Wolke umhüllte. Die Herrlichkeit des Herrn ließ sich auf dem Berg Sinai nieder und die Wolke bedeckte ihn sechs Tage lang. Am siebten Tag rief der Herr Mose mitten aus der Wolke zu sich. Die Herrlichkeit des Herrn sah für die Israeliten aus wie ein loderndes Feuer auf dem Berggipfel. Mose ging direkt in die Wolke hinein und stieg weiter auf den Berg hinauf. 40 Tage und 40 Nächte blieb er auf dem Berg.

2. Mose 24,13-18

Prioritäten setzen ist wichtig

Susanna Wesley, 1669 geboren als fünfundzwanzigstes Kind ihrer Eltern, heiratete mit 19 Jahren Samuel Wesley. Sie bekam 19 Kinder, von denen neun bereits im Kindesalter verstarben. Die Familie war arm. Ihr Mann war Pfarrer und verdiente nicht genug, um alle anfallenden Rechnungen zu bezahlen. Zweimal brannte ihr Haus mit all ihrem Besitz ab. Susanna hatte sich zur Aufgabe gesetzt, ihre Kinder im christlichen Glauben zu erziehen. In einer Biografie über ihr Leben las ich Folgendes: Es war nicht einfach für sie, in dem alltäglichen Trubel um sie herum zur Stille zu finden. Doch sie hatte eine gute Methode gefunden, sich selbst und den Kindern klarzumachen, wann sie nicht gestört werden wollte: Sie warf ein Tuch über sich und verschwand darunter wie unter einem Zelt. Mitten in der Wohnung, mitten zwischen den Kindern und der vielen Arbeit, die auf sie wartete. Die Kinder lernten schnell: In dieser Zeit ist Mutter für uns unerreichbar. Da redet sie mit Gott. Da darf man sie nicht stören mit Streitereien oder Langeweile, mit Hunger oder Durst. Da hat Gott allein ein Recht auf sie. Wenn dann der erlösende Moment kam und das Tuch abgenommen wurde, war sie wieder ganz und gar für ihre Kinder da.

Susanna Wesley setzte Prioritäten. Gott zuerst, dann ihr Mann und die Kinder. Ihr Leben mit Gott war ein beeindruckendes Vorbild für sie. Ihre Söhne John und Charles wurden zu bekannten Predigern, die eine Erweckung auslösten, die das ganze Land erfasste und zur Erneuerung der anglikanischen Kirche sowie zur Gründung der methodistischen Kirche führte. Ihre Mutter hatte konsequent die wenigen Möglichkeiten genutzt, die sie hatte, um Raum und Zeit für Gott zu haben. Und das hatte Auswirkungen weit über ihr Leben und ihre Lebenszeit hinaus.

Jeder hätte Verständnis, dass eine junge Mutter nicht immer Zeit für die Stille findet und dass es Phasen im Leben gibt, wo es derart drunter und drüber geht, dass Gott ein wenig warten muss ... oder etwa nicht? Susanna Wesley sah das anders. Sie nahm sich die Zeit für Gott, jeden Tag neu. Egal, was um sie herum geschah, sie ließ sich nicht davon abbringen, diese Zeit mit Gott zu verbringen. Sie konnte sich noch nicht einmal räumlich dem Lärm und Leben um sie herum entziehen, aber sie trat mitten in alldem in eine andere Dimension ein und begegnete Gott in der Abgeschiedenheit eines Tuchs, das sie über sich warf.

Mose zieht sich für ganze 40 Tage und Nächte zurück und lässt das Volk allein. Kein Wunder, dass sie auf falsche Gedanken kommen. Sie fühlen sich von Gott und von Mose allein gelassen und nehmen ihr Geschick selbst in die Hand. In der Folge sammeln sie alles Gold ein und machen sich ein goldenes Kalb daraus, das sie als Gott verehren und anbeten (nachzulesen in 2. Mose 32). Hätte Mose das nicht verhindern können, indem er einfach beim Volk blieb und Gott um Verständnis für seine Notlage bat? Nein. Mose nimmt sich diese Zeit für Gott, obwohl er weiß, wie gefährdet seine Leute sind, falsche Entscheidungen zu treffen. Seine Priorität ist klar: Nur wenn er von Gott hört, was Gott will, kann er das Volk gut führen. Und wenn Gott nicht führt, endet alles im Chaos.

Wir alle brauchen solche Rückzugszeiten mit Gott. Jeden Tag neu und manchmal auch für mehrere Tage am Stück. Einkehrtage, geleitete Stilletage, Rückzug ins Schweigen, Zeiten im Kloster oder in anderer geistlicher Gemeinschaft sind wichtig. Wir brauchen sie, auch wenn viel zu tun ist. Am besten, man plant solche Tage gleich im Jahresplan mit ein. Doch auch mitten im Alltag sollten wir die Prioritäten so setzen, dass wir Zeiten der Stille haben.

Wir können von Mose lernen. Es müssen ja nicht gleich 40 Tage sein, die wir allein mit Gott sind. Vier Minuten morgens, mittags und abends könnten ein Anfang sein. Dann mal zwei Stunden am Wochenende, vielleicht vier Tage an einem geistlich geprägten Ort. Lassen Sie Ihrer Fantasie freien Lauf. Wie wollen Sie Platz für Gott schaffen, mitten im Alltag? Viele Tipps dazu finden sie in dem Buch *Stille – Dem begegnen, der alle Sehnsucht stillt.* (EW)

IMPULS

Überlegen Sie, wie Sie heute noch dreimal vier Minuten mit Gott unterbringen können. Oder wann die nächsten Stilletage im Kalender stehen könnten.

Nehmen Sie Ihren Kalender zur Hand und entscheiden Sie, wann und wo Sie Gott als Priorität eintragen können. Machen Sie Termine mit Gott.

Wenn sich der Berg der Arbeit vor Ihnen auftürmt, machen Sie es wie Susanna Wesley und gehen Sie für einen kurzen Moment im Gebet zu Gott. Fragen Sie ihn im Stillen, was er zu der Situation zu sagen hat. Überlegen Sie sich eine gute Methode, wie Sie das in Ihrem Alltag unterbringen. Es muss ja kein Tuch sein!

GEDANKE DES TAGES
Stille ist nicht die Abwesenheit von Lärm, sondern die Anwesenheit von Gott.

Elke Werner

Und sie sollen mir ein Heiligtum machen, dass ich unter ihnen wohne.

2. Mose 25,8 (LUT)

Schaffen Sie Platz für Gott

In letzter Zeit häufen sich Fernsehsendungen, in denen über Messies berichtet wird. Ihre Wohnungen gleichen Müllhalden. Sie haben noch schmale begehbare Pfade übrig gelassen, ansonsten beschränkt sich ihr Lebensraum auf einen Schlafplatz und eine Waschgelegenheit. Nichts wird weggeworfen, alles bleibt einfach da liegen, wo es zuletzt benutzt wurde. Dabei liegen schöne, neue Gegenstände oder Kleidungsstücke direkt neben Abfall und verfaulten Lebensmittelresten. Die Leute ersticken förmlich in ihrem Chaos. Alles, auch die wertvollen Dinge, wird vom Müll überlagert. Das macht keinen Spaß mehr. Scham und Isolation sind die Folgen. Hier kommt keiner mehr zu Besuch, hier kann keiner mehr Freude empfinden.

Sicher, das ist nicht der Normalfall. Und die voyeuristische Freude der Sendungsmacher, das Elend in allen Einzelheiten der Öffentlichkeit zugänglich zu machen, hilft auch nicht wirklich weiter. Doch manche der Sendungen enden nicht dabei, das Chaos zu zeigen. Es gibt freundliche Helfer, die die Wohnung ausräumen und sogar umbauen und neu einrichten. Alles wird sauber und schön. Der ehemalige Messie wird Besitzer eines wunderbar eingerichteten Hauses, auf das alle ordentlichen Hausfrauen nun mit Neid blicken können. Man kann nur hoffen, dass es auch so bleibt ...

Aufräumen befreit. Auch wenn man das als Teenager noch nicht so ganz entdeckt hat und sein Chaos liebt ... Und der Volksmund sagt: »Wer aufräumt, ist zu faul zum Suchen.« Aufräumen, wegwerfen bedeutet immer auch Platz schaffen für Neues. Wer umzieht, weiß, wie viel sich im Laufe der Jahre angesammelt hat und wie wenig man davon benutzt oder wirklich braucht. Manche Lebensberater schlagen vor, dass man alles, was man im Laufe des letzten Jahres nicht benutzt hat, entsorgt. Diesen Rat habe ich noch nicht befolgt, bin aber fasziniert von dem Gedanken.

Doch zurück zu den Messies. Sie wissen nicht mehr, was gut und was schlecht ist, was noch guttut und was schadet. Sie haben jedes Maß verloren. Alles ist gleich wichtig, alles ist gleichwertig.

Wenn man es genau betrachtet, gleicht unser Leben manchmal einer Messiewohnung. Wir türmen Erfahrungen aufeinander, geben guten und schlechten Impulsen und Einflüssen in unserem Leben Raum. Überlegen Sie doch einfach einmal kurz, wie viele Morde Sie in der vergangenen Woche im Fernsehen angesehen haben. Wie oft Sexszenen? Welche negativen Gedanken gegen andere Menschen tauchen immer wieder auf? Welche Ereignisse von vor Jahren bewahren Sie in Ihrem Herzen? Wo machen Sie regelmäßig faule Kompromisse?

Wir türmen gute und schlechte Dinge in unserer Seele auf und wundern uns, wenn diese nur noch selten in Bewegung gerät. Ihr bleiben oft nur kleine Schneisen zwischen all dem, was sich da über die Jahre angelagert hat. Wir müssen Raum schaffen. Raum für das Leben.

Das Erstaunliche ist, dass Gott in unser Leben hineinkommen will und es auch tut. Er kommt, um bei uns zu wohnen. In unserem Innersten, in unserer Seele. Das Volk Israel hört durch Mose, dass Gott unter ihnen Wohnung nehmen will. Dass er nicht nur ein Gast sein will, der im Wohnzimmer kurz Grüße übermittelt und dann wieder geht. Das gilt auch für uns: Gott will bei uns wohnen, mitten in unseren Alltag einziehen, mitten bei uns Raum einnehmen. Und dann gemeinsam mit uns alles entsorgen, was uns das Leben schwer macht, was verrottet ist und uns gefährlich werden kann. Wo Gott einzieht, muss der Müll des Lebens weichen. (EW)

IMPULS

Schreiben Sie auf, welcher Müll im Moment auf Ihrer Seele lastet.

Wann haben Sie zuletzt vor jemandem Ihre Schuld bekannt? Bekennen Sie Gott Ihre Sünde, und bitten Sie ihn, immer mehr Raum in Ihnen einzunehmen. Vielleicht verabreden Sie sich mit jemandem, bei dem Sie beichten können. Auch für evangelische Christen ist das eine gute Seelenhygiene.

Achten Sie die restliche Woche darauf, welche Fernsehprogramme, Computerspiele, Webseiten oder Kinofilme Sie ansehen. Wäre es Ihnen peinlich, wenn Jesus neben Ihnen sitzen würde? Oder anders gesagt: Haben Sie vergessen, dass er das tut?

GEDANKE DES TAGES
Wo Gott einzieht, zieht der Teufel aus.

Elke Werner

Danach sprach der Herr zu Mose: »Befiehl den Israeliten: Haltet meine Sabbate, denn sie sind ein Zeichen des ewigen Bundes zwischen mir und euch für alle Zeiten. Dadurch sollt ihr erkennen, dass ich, der Herr, euch heilige. Haltet den Sabbat, denn er soll euch heilig sein. Wer ihn entweiht, muss mit dem Tod bestraft werden; wer an diesem Tag arbeitet, muss aus seinem Volk ausgestoßen werden und sterben. Arbeitet nur sechs Tage, der siebte Tag soll ein Tag vollkommener Ruhe sein, geheiligt für den Herrn. Jeder, der am Sabbat arbeitet, soll mit dem Tod bestraft werden. Die Israeliten sollen den Sabbat für alle Zeiten halten. Er ist ein ewiges Zeichen meines Bundes mit ihnen. Denn in sechs Tagen hat der Herr Himmel und Erde geschaffen, doch am siebten Tage ruhte er aus und erholte sich.«

2. Mose 31,12-17

Zeit für Anbetung und Ruhe

Waren Sie schon einmal an einem Sabbat in Israel unterwegs? Es ist wirklich ein Erlebnis, wenn man am Abend, kurz vor Beginn des Sabbats, in der Altstadt von Jerusalem die orthodoxen Juden in ihrer Festtagskleidung zur Klagemauer eilen sieht. Alle sind so schick, als würden sie zu einer Hochzeit gehen. Sie sind in großer Freude, aber auch in großer Eile. Immer wieder hört man die Worte: Schabbat schalom! Willkommen, Sabbat! Sobald die Sonne untergegangen ist, muss jeder zu Hause sein, denn dann beginnt das Fest in der Familie. Dann wird nicht mehr gearbeitet. Jede Woche das gleiche Ritual, das ganze Jahr über.

In unserer säkularisierten Zeit ist es manchmal schwer, den Unterschied zwischen Alltag und Sonntag überhaupt noch zu entdecken. Ja, das Ladenschlussgesetz verbietet immer noch, dass Geschäfte am Sonntag öffnen. Doch wissen wir alle, dass viele Menschen darauf hinarbeiten, diese Gesetze zu ändern und den Zustand herzustellen, der in vielen Ländern normal ist: Öffnungszeiten rund um die Uhr, an jedem Tag der Woche. Der Konsum wird über die Gebote Gottes gestellt. Der Slogan der Kirchen: »Ohne Sonntag gibt es nur noch Werktage«, fasst die Folgen gut zusammen.

Doch wozu ist der Sabbat da? Warum brauchen wir ihn? Warum einen Tag lang von der Arbeit ruhen?

Ein Tag in der Woche, der Sabbat, soll ganz Gott gehören. Nicht dem Verkauf, nicht der Arbeit, nicht der Hektik des Wochengeschäfts. Er soll für die Gemeinschaft mit Gott freigehalten werden. Das Wort »heilig« bedeutet so viel wie: ganz für Gott freigestellt.

Es gibt noch einen zweiten Grund, warum der Sabbat wichtig ist: Er erinnert daran, dass wir in einen Bund mit Gott hineingenommen sind. Wir sollen uns um diese Beziehung kümmern. Uns Zeit für sie nehmen. Sie immer wieder neu beleben und neu bestärken. Wie ein Ehepaar sich nicht auf eine einmalige Entscheidung vor dem Traualtar verlassen kann, wenn es um die Stabilität der Beziehung geht, so muss auch in die Beziehung zu Gott investiert werden. Von beiden Seiten. Das Problem dabei: Gott investiert ständig in diese Beziehung, nur bleibt das oft sehr einseitig.

Ein dritter Grund, warum wir diesen Tag brauchen: Wir sind eingeladen, mit anderen Christen gemeinsam Gott anzubeten. Es reicht nicht aus, wenn wir das allein und nur für uns tun. Die Gemeinde ist der Ort, an dem Gott uns begegnen will. Anbetung Gottes ist eine innere Haltung für den Alltag, aber sie wird erst in Gemeinschaft zu einem großen Fest.

Haben Sie auch schon einmal Gänsehaut bekommen, wenn Ihre Gemeinde gemeinsam Gottes Lob sang, wenn ein Chor auftrat oder wenn die Kinder im Gottesdienst ein Lied beisteuerten? Entdecken Sie Neues über Gott, wenn Sie Ihrem Pastor zuhören? Spüren Sie den Glauben der anderen Christen, wenn sie beten? Wo wir Gott anbeten, erleben wir seine Gegenwart.

Vor über zwanzig Jahren kam ein junger Theologiestudent zu uns in den Gottesdienst. Als nach dem offiziellen Ende schon fast alle die Kirche verlassen hatten, fand ihn ein Mitarbeiter weinend in der Kirchenbank sitzen. Er fragte nach, was denn los sei. Die Antwort kam unter Tränen: »Jetzt habe ich schon so viele Semester Theologie studiert, aber hier und heute Abend habe ich zum ersten Mal erlebt, dass es Gott wirklich gibt.« Die Anbetung Gottes nahm ihn mit hinein in die Gegenwart Gottes.

Warum halte ich mitten in der Woche ein Plädoyer für Gottesdienste? Weil ich immer öfter erlebe, dass der Gottesdienstbesuch von Christen für überflüssig gehalten wird. Sie haben ja Jesus, da ist der Gang in die Gemeinde am Sonntagmorgen nur noch eine lästige Pflicht. Weit gefehlt. Wir brauchen die Gottesdienstgemeinschaft, ob uns das bewusst ist oder nicht. Schon zur Zeit der ersten Christen war es wichtig, das allen klarzumachen.

Die Anbetung Gottes beginnt im persönlichen Kämmerlein, aber sie mündet in die gemeinsame Anbetung Gottes in der Gemeinschaft der Christen. Dazu braucht man Zeit, gemeinsame Zeit. Und die kann man sich an einem Sonntag, unserem christlichen Sabbat, gemeinsam nehmen. Für Kinder ist es wichtig, mit in die Gemeinde hineingenommen zu werden. Sie brauchen neben ihren Eltern andere Christen, die ihre Fragen beantworten, die ihnen Vorbild sind. Was für ein Geschenk, dass Gott uns dieses Gebot gegeben hat! Und was für ein Segen geht von den Gemeinden aus in ein Land, das am Sonntag lieber in die modernen Verkaufstempel gehen würde als in die Gotteshäuser! (EW)

IMPULS

Achten Sie beim nächsten Gemeindegottesdienst auf Ihre Mitchristen. Wie beten sie Gott an?
Wie könnten Sie in Ihrer Gemeinde dazu beitragen, dass Anbetung auf vielerlei kreative Weise stattfindet?
Wie können Sie heute in der persönlichen Anbetung Gottes Ihr Herz für den nächsten Gottesdienstbesuch vorbereiten?

GEDANKE DES TAGES

Lasst uns nicht fernbleiben von unseren Zusammenkünften, wie es sich einige angewöhnt haben, sondern lasst uns einander ermutigen, und das umso mehr, da ihr wahrnehmen könnt, dass der Gottestag immer näher rückt.

Hebräer 10,25 (DBU)

Mose sagte zum Herrn: »Du hast mir zwar den Auftrag gegeben, dieses Volk nach Kanaan zu führen, aber du hast mir nicht gesagt, wen du mit mir schicken willst. Du hast gesagt, dass du mich kennst und dass du mir freundlich gesinnt bist. Wenn dem wirklich so ist, dann zeig mir doch, was du vorhast, damit ich dich besser verstehe und merke, dass du mir freundlich gesinnt bist. Denk doch daran, dass dieses Volk dein Volk ist.« Der Herr antwortete ihm: »Ich selbst werde mit dir gehen, Mose. Ich will dir Ruhe verschaffen.«

2. Mose 33,12-14

Die Bitte um Gottes Führung

Auf einer Autofahrt von Marburg nach Berlin fiel kurz hinter Magdeburg unser Navigationsgerät aus. »Sie befinden sich in nicht kartografiertem Gebiet«, sagte die freundliche Stimme, und das Bild auf dem Bildschirm blieb einfach unbeweglich stehen. Jetzt muss man dazusagen, dass es ein nagelneues Navi ist, nicht eines von vor 30 Jahren. Bis Berlin war das kein Problem, da wiesen ja viele Schilder am Autobahnrand den Weg. Aber in Berlin die Straße zu finden, in der unsere Freunde wohnen, das war schwierig.

Gott und Mose waren zu wirklichen Freunden geworden. Sie hatten Freud und Leid, alle ihre Mühen und Lasten mit dem Volk Israel miteinander geteilt. Mose hatte das einmalige Glück, dass Gott von Angesicht zu Angesicht mit ihm redete, *wie ein Mann mit seinem Freund* (2. Mose 33,11).

Und dennoch – oder gerade deshalb – will Mose mehr. Er will nicht nur Instruktionen von Gott hören, er will Zusammenhänge verstehen und Gott besser kennenlernen. Interessant ist hier, dass Mose nach Gottes Weg fragt, damit er Gott besser erkennen kann. Es geht ihm nicht um Wahrsagerei, um einen detaillierten Plan, der alle Unsicherheit beseitigt. Es geht ihm in erster Linie um sein Gegenüber.

Wenn wir Gott um Wegweisung bitten, geht es oft um uns. Wir stehen vor Entscheidungen und fragen Gott noch kurz vorher, welcher Weg denn jetzt der bessere ist. Manchmal wollen wir Gott so nutzen, wie es die Medien 2010 mit dem Kraken Paul taten, der die Fußballergebnisse der WM in Deutschland voraussagen sollte. Bei vielen Entscheidungen im Alltag fragen wir aber auch gar nicht erst bei Gott nach. Wir leben nach eigenem Gutdünken und meinen dabei noch, dass manche Dinge für Gott vielleicht zu kompliziert sind und dass er sie gar nicht wirklich verstehen kann.

Mose muss nicht nur für sich selbst sorgen. Er trägt auch die Verantwortung für das Volk, das er seit der Flucht aus Ägypten anführt. Das ist ihm bewusst, und er weiß genau, dass er diese Verantwortung nur wahrnehmen kann, wenn Gott ihm dabei hilft, wenn Gott das Volk gnädig ansieht und ihm verzeiht, wenn Gott ihm Wegweisung und Schutz gewährt. Bei aller Solidarität mit diesem Volk erkennt er: Es ist nicht nur mein Volk, es ist auch Gottes Volk.

Als Gladys Aylward, ein einfaches Dienstmädchen aus England, 1922 auf eigene Faust nach China ausreiste, hätte ihr keiner zugetraut, was sie später mit ihrem Dienst erreichte. Sie arbeitete zunächst in einer kleinen Herberge, in der sie mit einer älteren Missionarin gemeinsam reisende Händler aufnahm und ihnen das Evangelium nahebrachte. Später wurde sie vom Mandarin als Kontrolleurin gegen die traditionelle Fußverschnürung eingesetzt. Als 1937 der chinesisch-japanische Krieg ausbrach, nahm sie über einhundert Waisenkinder bei sich auf. Doch die feindlichen Truppen kamen näher, und sie musste eine Entscheidung treffen, wie sie die Kinder im Waisenhaus retten könnte. Sie machte sich im Vertrauen auf Gottes Hilfe und Schutz mit allen gemeinsam zu Fuß auf den Weg über die Berge nach Xiang und rettete so das Leben der Kinder. Später erkrankte sie an Typhus und musste zur Behandlung zurück nach England. 1957 reiste sie nach Taiwan, wo sie 1970 starb, in einem von ihr gegründeten Waisenhaus.

Gladys hatte gelernt, auf Gottes Führung zu vertrauen, auf seinen Wegen zu gehen. Und als es darauf ankam, wusste sie, dass Gott diese Kinder, die ihr anvertraut waren, genauso liebte wie sie. Das gab ihr die Kraft und den Mut, die Kinder zu retten. Gott war mit ihr, genau wie er es versprochen hatte.

Auch in unserem Alltag können wir das erleben. Gott hat uns an unseren Platz gestellt, hier können wir leben und lernen. Hier werden wir gebraucht. Hier erweist sich seine Treue. Hier wird das Leben spannend. Hier erfüllen sich seine Verheißungen. Hier und jetzt. (EW)

Beten Sie für die Menschen, die Ihnen anvertraut sind. Wen leiten Sie? Wen begleiten Sie? Beten Sie, dass Gott das Leben dieser Menschen führt.

Und wenn Sie gerade selbst vor einer Entscheidung stehen, legen Sie sie Gott vertrauensvoll in die Hände.

GEDANKE DES TAGES

Siehe, Gott ist mein Heil, ich bin sicher und fürchte mich nicht.

Jesaja 12,2 (LUT)

So übervorteile nun keiner seinen Nächsten, sondern fürchte dich vor deinem Gott; denn ich bin der
Herr, euer Gott. Darum tut nach meinen Satzungen
und haltet meine Rechte, dass ihr danach tut, auf
dass ihr im Lande sicher wohnen könnt. Denn das
Land soll euch seine Früchte geben, dass ihr genug
zu essen habt und sicher darin wohnt.

3. Mose 25,17-19 (LUT)

Gott gehorchen

Die Zehn Gebote enthalten 279 Wörter, die amerikanische Unabhängigkeitserklärung besteht aus
300 Wörtern, die Verordnung der europäischen
Gemeinschaft über den Import von Karamellbonbons
aber exakt 25 911 Wörtern. So kann man es im Internet lesen.

Gott hat dem hebräischen Volk also nur 279 Wörter
gegeben? Ja, und darin steckt alles, was man zu einem
gelungenen Leben wissen muss. Was darüber hinaus-
geht, ist oft von uns Menschen gemachtes Beiwerk.

Bei einem Besuch bei muslimischen Bekannten im
Orient gab es wieder einmal ein wunderbares Essen.
Danach sagte der Gastgeber zu meinem Mann: »Du
musst dich jetzt auf die rechte Seite legen.«

»Warum die rechte Seite?«, entgegnete er.

»Weil Mohammed auch immer nach dem Essen auf der rechten Seite lag«, war die Antwort.

Ist es das, was Gott meint? Jede Tätigkeit bekommt eine Regel? Muss ich bei allen alltäglichen Handlungen auf genaue religiöse Anweisungen achten? Natürlich nicht! Manchmal frage ich mich jedoch, ob wir in unseren christlichen Kreisen wirklich so weit davon entfernt sind, auch wenn manche der Regeln nirgends aufgeschrieben sind. Dennoch kennt sie jeder genau. Jeder Gottesdienstbesucher weiß, wie er sich zu verhalten hat, was man wie sagt oder tut in der Gemeinde und was nicht.

Neulich hatten wir einen Gast im Gottesdienst, der das offensichtlich nicht wusste. Als unsere Moderatorin freundlich alle Gäste im Gottesdienst begrüßte – und davon gibt es jedes Mal mehrere –, sprang er auf, ging nach vorne und streckte ihr die Hand entgegen. »Hallo, ich bin der ...«, sagte er freundlich und setzte sich dann wieder hin. Wir mussten schmunzeln. Unser Freund, der sonst häufig am Bahnhof zu finden ist, hatte uns gezeigt, dass auch wir unsere Rituale haben, die ein Fremder nicht kennt und nicht unbedingt sofort versteht.

Doch es geht mir hier um mehr als die ungeschriebenen Gesetze in unseren Gemeinschaften. Es geht um das Miteinander von Menschen im Alltag und es geht um die Beziehung zu Gott. Unser Leben gelingt, wenn wir im Frieden mit Gott und mit unseren Mitmenschen leben.

In unserem Text für heute steht, dass wir keinen Menschen übervorteilen sollen. Das ist leichter gesagt als getan. In einer Gesellschaft, in der das Recht des Stärkeren gilt, werden viele Menschen übervorteilt. Das gehört zu unserer auf Konsumgewinn ausgerichteten Welt dazu: Arbeitgeber zahlen Dumpinglöhne, damit sich die Aktienkurse verbessern. Händler ziehen Menschen bei Geschäften über den Tisch, um mehr Gewinn zu erzielen. Global gesehen profitieren wir im reichen Westen in vielerlei Hinsicht davon, dass skrupellose Geschäftsleute hart arbeitende Menschen in anderen Ländern schlecht bezahlen. Nur so können wir unsere Produkte so günstig im Supermarkt kaufen. Der weltweite Handel ist nicht immer fair. Und das wissen wir. Doch ziehen wir auch die Konsequenz und kaufen bewusst dort ein, wo fair gehandelt wird?

Seit einigen Jahren wohnen Mitarbeiter unserer Jugendarbeit im sozialen Brennpunkt von Marburg in einem der heruntergekommenen Hochhäuser. Nach einiger Zeit entschieden sie sich dazu, die vorhandenen Mängel festzuhalten und mit dem Vermieter in Verhandlungen zu treten, auch im Interesse der vielen anderen Mieter, die teilweise kein Deutsch können, keine Ausbildung haben und sich nicht wehren können. Vor Kurzem konfrontierten sie den Vermieter, der eigentlich nur an seinem Profit interessiert ist. Ich bin gespannt, wie diese Verhandlungen ausgehen werden.

Man könnte noch viele Beispiele nennen. Klar ist: Da, wo sich einer auf Kosten eines anderen bereichert und dessen Rechte missachtet, verstößt er gegen Gottes Gebote. Und wenn ein Mensch gegen Gottes Gebote verstößt, stößt er automatisch auf den gerechten Gott, der sich der Sache der Armen und Unterdrückten annimmt. Der gerecht ist und von uns Menschen will, dass wir gerecht handeln.

Wenn wir uns an Gottes Gebote halten, dann ist das mit Verheißungen verbunden: genug zum Leben für alle und Sicherheit. Wir können uns als Christen nicht der Illusion hingeben, dass Gott uns unsere Schuld vergibt und dass wir deshalb leben können wie alle anderen Menschen auch. Was Gott geboten hat, das gilt zuallererst für uns. Das höchste Gebot, das alle anderen zusammenfasst, ist dieses: »Du sollst Gott, deinen Herrn, lieben und deinen Nächsten wie dich selbst.« So hat es Jesus ausgedrückt.

Wir wollen in Frieden und Sicherheit leben. Und wir können Gott danken, dass wir in einem Teil der Welt leben, in dem zurzeit beides gegeben ist. Äußerlich jedenfalls. Doch wenn wir genau hinsehen, erkennen wir, dass wir selbst auch oft mitmachen, wenn es um das Übervorteilen von anderen geht.

Die Gebote Gottes sind heute noch aktuell. Und würden wir Menschen sie beachten, gäbe es keine Kriege, keinen Diebstahl, keine Gewalt, keine Lügen, keinen Ehebruch. Wie würde unsere Welt eigentlich aussehen, wenn es das alles nicht mehr gäbe? (EW)

IMPULS

Fällt Ihnen eine Situation ein, in der Sie jemanden übervorteilt haben? Dann bringen Sie die Sache in Ordnung.

Informieren Sie sich bei Eine-Welt-Läden oder bei der Micha-Initiative, wie Sie mithelfen können, mehr Gerechtigkeit in diese Welt zu bringen.

Beten Sie für Ihre Stadt um Recht und Gerechtigkeit.

GEDANKE DES TAGES

Die Zehn Gebote sind in aller Menschen Herz geschrieben; den Glauben aber kann keine menschliche Klugheit begreifen und muss allein vom Heiligen Geist gelehrt werden.

Martin Luther

Als Mose lange Zeit nicht vom Berg herunterkam, gingen die Leute gemeinsam zu Aaron. »Auf! Mach uns einen Gott, der uns führt!«, forderten sie ihn auf. »Wir wissen nicht, was diesem Mose zugestoßen ist, der uns aus Ägypten hierher gebracht hat.« Da entgegnete Aaron: »Nehmt euren Frauen, Söhnen und Töchtern ihre goldenen Ohrringe ab und bringt sie zu mir.« Alle Israeliten kamen Aarons Aufforderung nach und brachten ihre goldenen Ohrringe zu ihm. Aaron nahm das Gold von ihnen, schmolz es ein und verwendete es dazu, um ein Götzenbild in Form eines Kalbes anzufertigen. Da riefen die Leute: »Das ist dein Gott, Israel, der dich aus Ägypten geführt hat!« Als Aaron das sah, errichtete er einen Altar vor dem Kalb und verkündete: »Morgen feiern wir hier ein Fest für den Herrn!«

Am nächsten Morgen standen die Israeliten früh auf, um Brandopfer und Friedensopfer darzubringen. Danach setzten sie sich, um zu essen und zu trinken, und feierten ein rauschendes, ausschweifendes Fest.

Der Herr befahl Mose: »Steig schnell hinunter! Dein Volk, das du aus Ägypten geführt hast, tut etwas Schlimmes. Es hat sich von den Geboten, die ich ihnen gegeben habe, abgewandt. Die Israeliten haben sich ein Kalb angefertigt, es angebetet, ihm geopfert und gerufen: ›Dies ist dein Gott, Israel, der dich aus Ägypten geführt hat!‹ Ich habe erlebt, wie eigenwillig dieses Volk ist«, fuhr der Herr fort. »Ich will meinen Zorn über sie kommen lassen und sie alle vernichten. Dich will ich jedoch zu einem großen Volk machen.« Aber Mose flehte den Herrn, seinen Gott, an: »Herr, warum willst du dein Volk in deinem Zorn vernichten, das du doch mit so großer Macht und starker Hand aus Ägypten geführt hast? Die Ägypter werden sagen: ›Gott hat sie in die Berge geführt, um sie dort zu töten und zu vernichten.‹ Lass ab von deinem schrecklichen Zorn! Gib dein Vorhaben auf, solch ein Unheil über dein Volk zu bringen! Denk an deine Diener Abraham, Isaak und Jakob, denen du geschworen hast: ›Ich werde euch so viele Nachkommen schenken, wie es Sterne am Himmel gibt. Ihnen werde ich dieses Land, das ich euch versprochen habe, als ewigen Besitz geben.‹« Da tat es dem Herrn leid und er ließ das angedrohte Unheil nicht über sie kommen.

2. Mose 32,1-14

Der Tanz um das Kalb

Sieben Geißlein sind allein zu Hause. Ihre Mutter hat sie gewarnt und ihnen verboten, die Türe zu öffnen, denn sie ahnt, dass der böse Wolf nur darauf wartet, ihre Kinder zu verschlingen. Dann geht sie auf Reisen. Zweimal erkennen die Kleinen ihren Feind und lassen ihn nicht ein. Erst, als er seine schwarze Pfote mit Mehl geweißt und seine Stimme mit Kreide geölt hat, öffnen sie ihm die Tür in dem Glauben, es sei ihre Mutter. Doch dann werden sechs von ihnen vom Wolf gefressen. Nur das Kleinste nicht, das sich im Uhrkasten versteckt hat. Dort findet es die entsetzte Mutter, die nun die unglaubliche Geschichte hört. Gleich läuft sie hinter dem Wolf her, der satt und faul schläft. Sie schneidet ihm den Bauch auf und holt ihre Geißlein heraus. Dann füllt sie ihn mit Steinen und näht alles wieder zu. Als der Wolf aufwacht, hat er Durst. Er beugt sich über den Brunnenrand, und die vielen Steine verrutschen in seinem Bauch, sodass er das Gleichgewicht verliert und in den Brunnen stürzt. Ende gut, alles gut.

Ein Märchen. Nicht mehr. Was wir hingegen in der Bibel über Mose und Israel lesen, ist eine wahre Begebenheit.

Ein Volk ist allein zu Hause. Mose ist auf dem Berg bei Gott, schon viele Tage lang. Es beginnt ein Murren und Knurren. Das Volk fühlt sich alleingelassen, schutzlos und ohne Führung. Es hat vergessen, dass Gott bei ihm ist. Die Israeliten lassen sich darauf ein, es den heidnischen Völkern nachzumachen: Sie wollen einen Gott zum Anfassen. Einen strahlenden und goldenen Gott. Nicht länger einen, der unsichtbar ist und der allein mit Mose redet. Sie rebellieren gegen Aaron und verlangen, dass er ihnen einen neuen Gott besorgt. Sie haben den lebendigen Gott abgeschrieben.

Es ist ein schmerzhafter Weg, auf den sie sich jetzt einlassen. Sie müssen sich von ihrem Goldschmuck trennen, ja sogar ihre goldenen Ohrringe abreißen und so ihren persönlichen Schatz opfern. Der neue Gott fordert Opfer. Sie tanzen um das goldene Kalb herum, das Aaron ihnen macht, und schreiben diesem soeben von ihnen selbst erschaffenen Gegenstand Kräfte zu, die er gar nicht haben kann. Sie sagen über das Goldene Kalb, dass es der Gott sei, der sie aus der Gefangenschaft geführt hat. So schnell haben sie ihren Gott ausgetauscht gegen einen anderen. So schnell lassen sie sich verführen, verschlingen von Lügen und

Täuschung. Sie merken gar nicht, dass sie gerade vom Bösen hinters Licht geführt werden und dass sie sich damit vom lebendigen Gott abwenden.

Doch einer ist übrig vom Volk Israel, einer, der nicht mitmacht bei dem Tanz: Mose.

Gott redet mit Mose über das Volk und macht ihm ein unglaubliches Angebot: Ich fange mit dir allein ganz neu an. Doch Mose tritt für das ungehorsame Volk ein, bittet Gott um Gnade und sorgt dafür, dass Gottes Zorn es nicht vernichtet. Gott ist bereit, zu vergeben. Mose kommt zurück zum Volk, zerstört das Kalb und lässt viele töten, die sich dem neuen Kult angeschlossen haben. Dann bittet er Gott stellvertretend um Vergebung.

Ein Volk, das den lebendigen Gott verlässt, bekommt die Götter, die es verdient, heißt es. Die Götter, die es sich selbst macht. Das hat auch unser Volk erlebt. Wir haben uns immer wieder vom lebendigen Gott abgewandt und mussten dann mit den selbst ernannten, menschlichen Göttern leben, die viel von den Menschen ihrer Zeit verlangt und ihnen letztlich alles genommen haben. Auch in unserer heutigen Zeit stehen wir in Kirche und Gesellschaft in der Gefahr, uns unsere eigenen Götter zu machen. Im Großen und im Kleinen.

Und selbst vom lebendigen Gott machen wir uns Vorstellungen, die mit seiner Selbstoffenbarung wenig zu tun haben. Wir backen uns unseren Hausgott, der zu Abtreibung und sexuellem Fehlverhalten Ja und Amen sagt, der dazu da ist, unsere emotionalen Bedürfnisse zu stillen, der aber wenig zu sagen hat, wenn es um Politik, Wirtschaft oder gar unser eigenes Leben und unsere Moral geht.

Doch Gott ist gnädig. In Jesus ist er gekommen, um uns aus der Knechtschaft zu befreien. Wir sind – im Bild des Märchens gesprochen – aus dem Bauch des

Wolfs befreit. Und die fremden Götter, das Böse, werden ihrer gerechten Strafe zugeführt werden, denn Jesus hat sie schon längst am Kreuz besiegt.

Also ist doch alles in Butter, oder? Lassen Sie uns nicht leichtfertig lesen, was dem Volk Gottes widerfahren ist. Es geht hier auch um unser Leben. Lassen wir Gott, den einzigen und lebendigen Gott, Herr sein in unserem Leben? Oder liebäugeln wir mit den Göttern der anderen: mit Esoterik oder Islam, mit Buddhismus oder Yoga? Und wohin leiten unsere Kirchen und Politiker unser Land? Geben wir ihnen Orientierungshilfe vom Glauben her oder lassen wir sie mit den Göttern dieser Welt allein? Steigen wir aus dem Tanz ums Kalb aus, und erkennen wir, was die Stunde geschlagen hat? (EW)

IMPULS

Welche Götter haben Sie neben Gott? Woran hängt Ihre Sicherheit?

Wie können Sie heute für Ihr Volk beten? Sind Sie bereit, für die Schuld Ihres Volkes in den Riss zu treten und Gott um Vergebung zu bitten?

GEDANKE DES TAGES

Frage 6: Hat denn Gott den Menschen also böse und verkehrt erschaffen? Nein; sondern Gott hat den Menschen gut und nach seinem Ebenbild erschaffen, das ist, in wahrhaftiger Gerechtigkeit und Heiligkeit, auf dass er Gott, seinen Schöpfer, recht erkennte und von Herzen liebte und in ewiger Seligkeit mit ihm lebte, ihn zu loben und zu preisen.

Heidelberger Katechismus

Entdecken Sie die Kraft, die Sie ans Ziel kommen lässt

Zwei der Spione – Josua, der Sohn Nuns, und Kaleb, der Sohn Jefunnes – zerrissen ihre Kleider und sagten zu den Israeliten: »Das Land, das wir durchwandert und ausgekundschaftet haben, ist sehr gut. Und wenn der Herr uns gut gesinnt ist, wird er uns in dieses Land bringen und es uns geben: Es ist ein Land, in dem Milch und Honig überfließen. Aber lehnt euch nicht gegen den Herrn auf und habt keine Angst vor den Bewohnern des Landes. Sie werden eine leichte Beute für uns sein! Sie haben keinen Schutz, aber mit uns ist der Herr! Habt also keine Angst vor ihnen!« Die ganze Gemeinschaft wollte Josua und Kaleb steinigen. Doch da erschien allen Israeliten die Herrlichkeit des Herrn am Zelt Gottes. Und der Herr sprach zu Mose: »Wie lange wird mich dieses Volk noch verachten? Wie lange noch wollen sie mir nicht vertrauen trotz all der Wunder, die ich unter ihnen getan habe?«

4. Mose 14,6-11

Vergiss die Riesen –
bete Gott an!

M an tut, was »man« tut! Man glaubt, was alle glauben. Zivilcourage ist out, Anpassung in. Nur keine Wellen schlagen, lautet die Devise. Alexander Solschenizyn hat einmal gesagt: »War es nicht in früheren Zeiten immer so, dass der Verfall des persönlichen Mutes der Anfang vom Ende war?« Doch es gibt auch die anderen, die weiter sehen, die vertrauen und mit Gottes Möglichkeiten rechnen. Menschen, die den Unterschied ausmachen, die das Ziel im Auge behalten.

Die letzte Woche bricht an. Wir sind mit Mose unterwegs und nähern uns dem Ziel, dem verheißenen Land, das es zu erobern gilt. Zwei Männer werden jetzt zum Vorbild, zwei Männer, die offensichtlich um eine Kraft wissen, die ihnen Mut und Stärke gibt. Merken Sie sich unbedingt ihre Namen: Josua und Kaleb, zwei leitende Mitarbeiter des Mose – hier haben sie ihren Auftritt.

Die Israeliten haben Ägypten verlassen und stehen nach der anstrengenden Wüstenwanderung vor den Toren des verheißenen Landes. Was sie erlebt haben, war einmalig. Sie wissen, dass Gott ihnen dieses Land vor langer Zeit versprochen hat. Es gehört ihnen. Mose bekommt von Gott persönlich den Befehl, das Land durch Spione auskundschaften zu lassen.

Er schickt daraufhin zwölf Männer los, aus jedem Stamm einen, verantwortliche Leiter, führende Leute des Volkes. Sie bekommen einen klaren Auftrag: Sie sollen sich alles ansehen und dann zurückkommen und berichten. Mehr nicht! Sie ziehen los und sind 40 Tage unterwegs. Als sie zurückkommen, sieht es aus, als hätten sie den Fischmarkt in Hamburg geplündert – mit weniger Fisch, aber umso mehr Obst. Das Volk ist begeistert.

Aber nun geschieht etwas Seltsames. Die Kundschafter liefern keinen einheitlichen Bericht ab. Zehn von ihnen sind sehr negativ, absolut entmutigend. Etwa so, nachzulesen in 4. Mose 13: »Hey Leute, es ist schrecklich, einfach schrecklich. Es ist tatsächlich ein überaus fruchtbares Land, aber: Amalekiter, Hetiter, Jebusiter, Amoriter, Kanaaniter wohnen dort und sogar Enaks Söhne, diese Riesen, vor denen sich jeder fürchtet. Also Leute, wir haben keine Chance!« Das Volk ist entsetzt und die jüdische Morgenpost macht aus der Nachricht eine einzige Schreckensmeldung: In dem Land herrscht Mord und Totschlag und die Riesen werden uns zerquetschen wie Heuschrecken.

Die Reaktion auf den Bericht der zehn Miesmacher ist fatal. Das Volk gerät in Panik! *Da schrien alle Israeliten laut auf und weinten die ganze Nacht hindurch. Sie murrten gegen Mose und Aaron und klagten: »Wären wir doch bloß in Ägypten oder hier in der Wüste gestorben! Ach, wären wir doch schon tot!«* (4. Mose 14,1-2).

Es ist zum Heulen! Gott hat seinen Leuten dieses Land verheißen und sie deshalb mit ungeheurem Aufwand aus Ägypten geführt. Aber negatives Denken ist höchst infektiös! Es steckt an, bis heute! Wie schrecklich, wenn Menschen, die jahrelang zur Gemeinde gehören, jahrelang mitgesungen und mitgebetet haben, plötzlich reagieren, als wäre Gott tot. Sie sehnen sich zurück nach ihrem alten Leben und vergessen die Schrecken der Gefangenschaft.

Doch halt, zwölf Kundschafter waren unterwegs. Zehn haben Panik geschoben, zwei waren anderer Meinung, Josua und Kaleb! Ihre Empfehlung lautet:

Wir ziehen hin und nehmen das Land ein, keine Angst, *denn wir wollen sie wie Brot auffressen* (4. Mose 14,9; LUT). So reagieren Menschen, die Gott vertrauen, Menschen, die den Unterschied ausmachen.

Doch nun kommt die spannende Frage: Wie reagiert die Gemeinde, wie reagiert das auserwählte Volk Gottes, die Israeliten? Eigentlich hätte kommen müssen: »Jawohl, so soll es sein. Auf in den Kampf! Mutter, schmier die Butterbrote, es geht los!« Denkste! Nur einen Vers weiter lesen wir: Die ganze Gemeinschaft wollte Josua und Kaleb steinigen. Wenn Gott nicht im selben Augenblick eingegriffen hätte, dann hätten sie das auch getan! Die Sicht der Mehrheit war negativ und kritisch, gefangen von dem, was man eben sieht und denkt. Die Folge davon: Es sollte noch 40 Jahre dauern, bis das Volk in das verheißene Land kam. Die Generation der Kritiker und Nörgler musste in der Wüste sterben.

Wir sollten von Josua und Kaleb lernen. Sie machen den Unterschied. Keine Angst vor den Feinden, keine Angst vor den Riesen. Früher oder später müssen auch sie nach der Pfeife Gottes tanzen.

Haben Sie mal ein Basketballspiel im Fernsehen gesehen? Dirk Nowitzki mit den Dallas Mavericks gegen die Chicago Bulls. Wie groß die Spieler sind, sieht man erst, wenn man den Schiedsrichter daneben sieht. Der kann, wie ich, ruhig 1,83 Meter groß sein. In ihrer Mitte wirkt er wie ein Zwerg. Aber: Obwohl er von solchen Riesen umgeben ist, scheint er sie nicht zu fürchten. Sie tanzen nach seiner Pfeife!

Wissen Sie, wir sind Gottes Leute, wir sind nicht allein unterwegs. Niemand hat das Recht, über uns zu herrschen – nur der lebendige Gott! Weil das so ist, gehen wir weiter und nehmen Kanaan ein. Wir verstecken uns nicht. Der große allmächtige Gott ist hier in unsrer Mitte. Er sorgt für uns. Wacht über uns.

Vergessen wir die Riesen, beten wir Gott an. (KGP)

IMPULS

Raus auf die Straße, raus aus den eigenen vier Wänden wollte der Hauskreis. Natürlich sprach vieles dagegen: »Da werden wir nur ausgenutzt. Das kostet zu viel. Da kommt doch keiner. Dazu brauchst du eine Genehmigung.« Sie haben es trotzdem gemacht. Jetzt stehen sie schon seit über einem Jahr jeden Samstag vor dem Hauptbahnhof und verteilen Essen an Obdachlose. 90 bis 100 Personen kommen und viele sind sehr dankbar. Kaleb und Josua haben ein Stück gutes Land eingenommen. Vielleicht versuchen Sie etwas Ähnliches auch einmal in Ihrer Stadt, mit Ihrem Hauskreis, in Ihrem Kanaan.

GEDANKE DES TAGES

Wenn Sie nicht bereit sind weiterzumachen, dann müssen Sie sich selbst fragen: Glaube ich wirklich, dass die christliche Botschaft wahr ist, oder ist mein Christentum nur ein romantisch-religiöses Konzept?

Francis Schaeffer

Vom Berg Hor aus zogen die Israeliten weiter und schlugen den Weg zum Roten Meer ein, um Edom zu umgehen. Doch unterwegs wurden die Israeliten ungeduldig und klagten Gott und Mose an: »Warum habt ihr uns aus Ägypten geführt? Etwa, damit wir hier in der Wüste sterben? Hier gibt es weder Brot noch Wasser und dieses Manna können wir nicht mehr sehen!« Da schickte der Herr Giftschlangen. Viele der Israeliten wurden gebissen und starben. Daraufhin liefen die Leute zu Mose und riefen: »Wir haben Schuld auf uns geladen, als wir dem Herrn und dir Vorwürfe machten. Bete zum Herrn, dass er uns von den Schlangen befreit!« Und Mose betete für das Volk. Da sprach der Herr zu ihm: »Fertige eine Schlange an und befestige sie oben an einer Stange. Jeder, der sie anschaut, nachdem er gebissen wurde, wird am Leben bleiben.« Mose fertigte eine Schlange aus Bronze an und befestigte sie an der Spitze einer Stange. Jeder, der von einer Schlange gebissen wurde und dann die bronzene Schlange anschaute, blieb am Leben.

4. Mose 21,4-9

Worauf es wirklich ankommt

Wir haben wirklich allen Grund zu klagen. Nichts ist mehr so, wie es früher einmal war. An den Tankstellen zocken sie uns ab. Der Latte macchiato einer berühmten Kaffeekette veranlasste mich zu der Bemerkung: »Ich wollte einen Kaffee, nicht Ihren Laden kaufen.« Ein Körnerbrötchen kostet so viel wie vor 20 Jahren ein ganzes Brot. Auf das Wetter ist auch kein Verlass mehr! Deshalb schimpfen die Leute auch ständig darüber. Wir zahlen zu viel Steuern, fahren auf viel zu vollen Straßen – warum müssen die alle links fahren, wenn ich unterwegs bin? – und leiden unter den Verspätungen von Bus und Bahn. Wir haben es wirklich schwer, oder?

Seltsam, nachgewiesenermaßen wohnen wir in einem Land, dem es unverschämt gut geht! Den Wasserhahn aufdrehen und das Wasser ohne Bedenken trinken – versuchen Sie das in Afrika oder Asien oder Lateinamerika. Abends, in der Dämmerung, noch eine Runde spazieren gehen – versuchen Sie das einmal in den Vororten amerikanischer Großstädte, in Kolumbien, Mexiko, Brasilien. Ein Platz im Krankenhaus, Pflege im Alter, Absicherung bei Berufsunfähigkeit ... In den meisten Ländern dieser Erde kann man da nur sagen: »Träum weiter!« Das muss uns klar sein: Verglichen mit den meisten Menschen auf unserem Planeten geht es uns unverschämt gut, aber trotzdem meckern wir, überwiegend. Dafür sind wir weltweit bekannt.

Wenn es Zeitgenossen sind, die Gott nicht kennen, ist das schon schlimm genug, aber wenn Kinder Gottes in das allgemeine Klagelied mit einstimmen, dann wird es unerträglich. Wir wissen doch, dass alles auch ganz anders sein könnte. Dass überhaupt nichts selbstverständlich ist. Weit über all unsere materielle Versorgung hinaus verdanken wir unserem Gott einfach alles. Er hat zu uns geredet, wir sind seine Kinder, er hat seinen Sohn für uns gegeben. Hier beginnt, was sich in Ewigkeit fortsetzt: Der, der den Tod überwunden hat, schenkt uns die Auferstehung, den neuen Himmel und die neue Erde. Was ist da die einzig angemessene Reaktion? Dank, immer wieder Dank, jeden Tag, auch am Montag.

Aber so einfach ist das nicht, heute nicht und damals nicht. Die Israeliten ziehen durch die Wüste. Das verheißene Land liegt in greifbarer Nähe, doch der direkte Zugang ist versperrt. Das bedeutet einen Umweg von über 200 km, durch den Negev, zurück zum Schilfmeer. Sie haben es so satt! Sie träumen von Ägypten, von gegrilltem Lamm und Zucchini in Joghurtsoße, und vergessen dabei völlig, wie es ihnen einst dort ergangen ist: Männer und Frauen mussten ohne Lohn Pyramiden bauen. Tausende kamen dabei um. In der schlimmen Zeit wurden alle männlichen Säuglinge sofort nach der Geburt getötet, weil der Pharao eine Überfremdung befürchtete. So sah damalige Ausländerpolitik aus! Das Volk litt unglaublich, doch all das war jetzt vergessen. Ägypten, die Gefangenschaft, erscheint ihnen in verklärtem Licht, und je mehr sie diese Bilder heraufbeschwören, desto unzufriedener werden sie.

Die Parallele ist offensichtlich: Wie viele Christen stöhnen unter den Widerwärtigkeiten des Alltags, vergleichen sich mit anderen Menschen, empfinden ihr Los als schwer und kaum erträglich und werden immer unzufriedener. Klar, es geht nicht alles reibungslos. Unser Leben gleicht über weite Strecken einem solchen Weg durch die Wüste. Anfangs, nach ersten Erfahrungen mit dem Glauben an Gott, sind wir richtig gut drauf. Wir finden alle Christen einfach toll und den Pastor und die freundlichen Menschen in der Gemeinde. Wir sind dabei, versäumen keinen Gottesdienst und keinen Abend im Hauskreis. Aber dann wird es beschwerlicher. Menschen enttäuschen uns. Wir sind verunsichert. Gott lässt auch in unserem Leben Dinge zu, die wir nicht sofort einordnen und verstehen können. Nicht alle unsere Gebete werden erhört. Wir werden unzufrieden! Wir murren! Wir entwickeln einen sezierenden Blick. Wir ertappen uns dabei, wie wir ständig über andere Christen negativ reden und denken. Die Speise, die Gott uns gibt, schmeckt plötzlich schal! Es wird kalt in der Gemeinde – die Liebe stirbt. Was tun?

Damals griff Gott ein. *Da schickte der Herr Giftschlangen. Viele der Israeliten wurden gebissen und starben.* Erst jetzt, leider erst jetzt, lehrt die Not die Leute beten. »*Wir haben Schuld auf uns geladen, als wir dem Herrn und dir Vorwürfe machten. Bete zum Herrn, dass er uns von den Schlangen befreit!*« Mose betet und das Wunder geschieht. Der Blick auf die erhöhte Schlange rettet die Menschen und gibt ihnen Zukunft und Hoffnung.

Die Geschichte weist auf ein anderes unvergleichliches Ereignis hin. Jesus geht darauf in Johannes 3,14-16 ein: »*Und wie Mose in der Wüste die Schlange erhöht hat, so muss der Menschensohn erhöht werden, damit alle, die an ihn glauben, das ewige Leben haben. Denn also hat Gott die Welt geliebt, dass er seinen eingeborenen Sohn gab, damit alle, die an ihn glauben, nicht verloren werden, sondern das ewige Leben haben*« (LUT). Das packt mich, immer wieder. Da bleibt mir mein Meckern im Halse stecken. Was für ein Gott, was für ein Privileg, ihn zu kennen, ihn zu lieben und ihm zu dienen! (KGP)

IMPULS

60 neue Häuser werden in unserem Stadtteil gebaut, gegen den Widerstand der Alteingesessenen. Baulärm, verschmutzte Straßen, Lastwagen über Lastwagen: »Sollen sie doch bleiben, wo sie sind, die Neuen, und nicht unser Deichland verschandeln.« Eine Welle der Ablehnung schlägt den Neuzugezogenen entgegen. Es ist an der Zeit, gegen diese Einstellung ein Zeichen zu setzen. Mitglieder der nahen Kirche bewaffnen sich mit Blumensträußen und heißen die neuen Mitbürger willkommen. Liebe statt Ablehnung, Freundlichkeit statt Meckern. Das zeigt Wirkung. Vielleicht können Sie etwas Ähnliches bei sich vor Ort unternehmen.

GEDANKE DES TAGES

Dankbarkeit ist ein Lebensstil, der alles einschließt und bei dem Gott im Mittelpunkt steht.

Brennan Manning

»Herr, Gott alles Lebendigen, ernenne einen neuen Anführer für die Gemeinschaft. Gib den Israeliten jemanden, der sie führt, damit das Volk des Herrn nicht wie eine Herde ohne Hirte ist.« Der Herr antwortete: »Hol Josua, den Sohn Nuns, der vom Geist erfüllt ist, und leg ihm deine Hand auf. Lass ihn vor den Priester Eleasar und die ganze Gemeinschaft treten und setze ihn öffentlich in sein neues Amt ein. Übertrage ihm einen Teil deiner Autorität, damit ihm die ganze Gemeinschaft der Israeliten gehorcht.«

4. Mose 27,16-20

Loslassen, abgeben – auch wir werden älter

Mit einem erfüllten und zufriedenen Leben ist es wie mit einer guten Flasche Wein. Je älter sie wird, desto kostbarer wird sie. Je länger wir unterwegs sind, gute und schlechte Tage erleben, desto beeindruckender wird unsere Geschichte. So weit, so gut, und ich bin schon wieder geneigt zu sagen: »Träum weiter!« Der Wein ist zwar ein guter Vergleich, aber irgendwann kippt er und wird zu Essig, oder er wird so kostbar, dass ihn keiner mehr zu trinken wagt.

Ob wir das wollen oder nicht, wir werden älter, und irgendwann, hoffentlich rechtzeitig, müssen wir uns mit der Tatsache auseinandersetzen, dass eine nächste Generation bereitsteht, Verantwortung zu übernehmen. Erschrickt Sie der Gedanke? Sind Sie so jung, wie Sie sich fühlen? Vielleicht geht es Ihnen ja wie dieser Frau, die folgendes Erlebnis hatte:

Ich saß im Wartezimmer, vor meinem ersten Termin beim neuen Zahnarzt. An der Wand hing eine Urkunde, die seinen Namen trug. Plötzlich erinnerte ich mich an einen großen, gut aussehenden, dunkelhaarigen Jungen aus meiner Oberstufen-Klasse von vor über 30 Jahren. Könnte es sich um denselben Jungen handeln, den ich damals so toll fand? Als ich dann ins Behandlungszimmer kam und der Zahnarzt mich begrüßte, verwarf ich den Gedanken sofort. Da stand ein alternder Mann, dessen graue Haare bereits ausgingen, mit tiefen Falten im Gesicht, und der viel zu alt war, um mein ehemaliger Klassenkamerad zu sein. Als er meine Zähne durchgeschaut hatte, fragte ich ihn dennoch, ob er auf die Albert-Einstein-Schule gegangen sei.

Völlig überrascht antwortete er: »Ja, ich war dort.«

»Wann haben Sie Ihr Abi gemacht?«, fragte ich.

»1975 – warum fragen Sie?«, war seine Antwort.

»Sie waren in meiner Klasse«, erwiderte ich.

Er schaute mich etwas verwirrt an. Und dann hat mich doch dieser alte, hässliche, fast glatzköpfige, grauhaarige, zerknitterte alte Greis gefragt: »Und was haben Sie damals unterrichtet?«

Wir können fantastische Erfolge feiern, einen richtig guten Lauf haben – irgendwann erwischt es uns und wir stellen mehr resigniert als dankbar fest: »Wir sind alt geworden. Der Lack ist ab.« Früher oder später müssen wir ernstlich darum ringen, wie wir Verantwortung abgeben und einer nächsten Generation helfen, sie wahrzunehmen. Nicht um der Veränderung willen, sondern um Gottes willen.

Erinnern Sie sich noch, was Dwight L. Moody zu Moses Leben geschrieben hat? »Mose verbrachte die ersten 40 Jahre seines Lebens mit der Überzeugung, er sei jemand Besonderes. In den zweiten 40 Jahren musste er erkennen: Ich bin ein Niemand, und im dritten Abschnitt seines Lebens erkannte er, das Gott jemand ist, der mit einem Niemand etwas bewirken kann.« Der dritte Abschnitt seines Lebens geht zu Ende. Gott hat aus einem Mann, der einst ein Opfer seiner Ungeduld wurde, aus einem jähzornigen, verwöhnten Zögling aus vornehmem Hause, einen Menschen werden lassen, von dem es am Ende seines Lebens heißt: *Aber Mose war ein sehr demütiger Mensch, mehr als alle Menschen auf Erden* (4. Mose 12,3; LUT).

Mose muss damit leben, dass er das Gelobte Land nicht betreten wird, da auch er gezweifelt hat (vgl. 4. Mose 20,12). Vom Gebirge Abarim aus darf er einen Blick hineinwerfen, aber ein anderer wird an seiner statt Verantwortung übernehmen und das Volk nach 40 Jahren Wüstenerfahrung nach Kanaan führen. Josua wird der Nachfolger. Sie erinnern sich? Ich hatte Sie an anderer Stelle darum gebeten, sich diesen Namen unbedingt zu merken. Josua war einer der beiden Kundschafter, die zum Volk sagten: »Wir schaffen das! Habt keine Angst. Mit Gottes Hilfe besiegen wir auch die Riesen.« Josua wird das Volk also über den Jordan führen. Er bekommt die Verheißung: *Es soll dir niemand widerstehen dein Leben lang. Wie ich mit Mose gewesen bin, so will ich auch mit dir sein. Ich will dich nicht verlassen noch von dir weichen* (Josua 1,5; LUT). Josua selbst ist treu gewesen, und so darf er jetzt die Treue Gottes erfahren und die Nachfolge eines großen Mannes antreten.

Sosehr ich das Kontinuierliche liebe – sonst wäre ich nach über 30 Jahren nicht immer noch in derselben Gemeinde –, so sehr bin ich davon überzeugt, dass wir in einem ständigen Prozess darüber nachdenken müssen, wie wir auf eine sich verändernde Welt reagieren. Wesentlich ist immer wieder: abgeben, loslassen! Mose muss zu Lebzeiten seinen Nachfolger einsetzen. Ihm soll er die Hand auflegen, ihn zum vollmächtigen Dienst als neuen Führer des Volkes Gottes segnen.

Mose tut das, und wir fragen, vielleicht etwas irritiert, weil wir es oft so ganz anders erleben: »Wie hat er das geschafft?« Nun, ich denke, Mose war ein Berufener, ein Mann, der sich als Verwalter, nicht als Besitzer verstand. 1000 Jahre später wird ein anderer zur Schlüsselfigur in Gottes Geschichte: Johannes der Täufer. Seine Popularität übersteigt alles bisher Dagewesene. Die Leute pilgern in Scharen zu seinen Predigten, bis, ja bis Jesus auftritt. Als für Johannes klar ist, dass seine Zeit zu Ende geht, sagt er: *Er muss wachsen, ich aber muss abnehmen* (Johannes 3,30; LUT).

Ich denke, berufene Menschen können abgeben, ohne beleidigt zu sein. Berufene Menschen erkennen, wann es an der Zeit ist, einer nächsten Generation Verantwortung zu übertragen. Können Sie abgeben? Können Sie die Grenzen Ihrer Begabung, die Grenzen Ihrer Zeit akzeptieren und den größeren Wirkungskreis anderen Leuten im Reich Gottes überlassen? Es verwundert, dass wir in der Geschichte immer wieder verhältnismäßig einfachen Menschen begegnen, die eine tiefe geistliche Erkenntnis haben. Wir fühlen uns wohl in ihrer Nähe. Und uns begegnen viele gebildete Menschen, denen man eine hohe Intelligenz abspürt, die aber eine gähnende Leere verbreiten. Warum gerade Johannes, warum Mose, warum Sie? Weil Gott immer wieder

Menschen sucht, die Jesus ohne Vorbehalt nachfolgen. Mehr braucht es nicht. (KGP)

Sechs junge Leute, alle studieren Theologie, treffen sich über Silvester in einem leer stehenden Haus, irgendwo in Norddeutschland. Sie gehören einer kleinen Freikirche an und haben vom Präses dieser Freikirche den Auftrag erhalten, über ein neues Selbstverständnis nachzudenken. Dieses Treffen wird Wirkung zeigen und vieles zum Guten wenden. Es wurde möglich, weil der geistliche Leiter einer jungen Generation Verantwortung übertrug.

Wo können Sie mit dazu beitragen, dass eine nachrückende Generation nicht frustriert die Gemeinde verlässt, sondern verantwortlich ihre Zukunft mitgestaltet?

Gedanke des Tages

Wenn meine verborgene Welt in Ordnung ist, dann deshalb, weil ich mich als Gottes Haushalter sehe und nicht als der Herr meiner Absichten, meiner Rolle und meiner Persönlichkeit.

Gordon MacDonald[9]

Zuflucht ist bei dem alten Gott und unter den ewigen Armen.

5. Mose 33,27 (LUT)

Ich will mehr – warum es sich lohnt, der Sehnsucht zu folgen

Mit Macht zieht es das Volk jetzt in das verheißene Land. Mose, der Patriarch des Alten Bundes, wird sterben. So besonders seine Berufung, so außergewöhnlich seine Verdienste – das Volk muss ihn ziehen lassen. Er segnet die zwölf Stämme Israels. Jeden Stamm nennt er mit Namen, und dann sagt er es als ewige Verheißung: *Zuflucht ist bei dem alten Gott und unter den ewigen Armen.*

Eine unendliche Sehnsucht erfüllt mich, nach Leben, nach diesen ewigen Armen. Eine Sehnsucht, die ich mit jedem Menschen teile, auch mit jedem von Ihnen. Der englische Schriftsteller C.S. Lewis hat einmal gesagt: »Wenn wir die geradezu schamlosen Verheißungen auf Belohnung in den Evangelien betrachten, scheint es, als müssten unsere Wünsche dem Herrn eher zu schwach als zu groß vorkommen. Wir sind halbherzige Geschöpfe, die sich mit Alkohol, Sex und Karriere zufriedengeben, wo doch unendliche Freude angeboten wird – wie ein unwissendes Kind, das weiter im Elendsviertel seine Schlammkuchen backen will, weil es sich nicht vorstellen kann, was eine Einladung zu Ferien am Meer bedeutet. Wir geben uns viel zu schnell zufrieden.«

Wir verpassen das Beste, wenn wir uns vorschnell mit dem, was ist, abfinden. Es gibt mehr als die Wüste, die uns so vertraut ist, und dafür gibt es einen schlüssigen Beleg: *Gott hat alles schön gemacht zu seiner Zeit, auch hat er die Ewigkeit in ihr Herz gelegt; nur dass der Mensch nicht ergründen kann das Werk, das Gott tut, weder Anfang noch Ende* (Prediger 3,11; LUT). Er hat die Ewigkeit in unser Herz gelegt. Sie macht in einem letzten Sinn unsere Sehnsucht aus.

Bei den Lachsen kann man jedes Jahr aufs Neue ein interessantes Phänomen beobachten. Ab einem gewissen Alter bekommen die Fische eine Art Fernweh. Der Fluss, in dem sie aufgewachsen sind, reicht ihnen nicht mehr. Sie verhalten sich anders, ihr Körper wird schlanker, die Kiemen verändern sich. Das alles ist nötig, damit sie dorthin kommen, wohin es sie wie mit unsichtbaren Fäden zieht. Aus den Süßwasserwesen werden Fische, die im Meer leben können. Sie folgen ihrem Gespür, machen sich auf den Weg und erreichen eines Tages den großen weiten Ozean. Sehnsucht nach mehr!

Das ist ein gutes Beispiel für das, was unsere Wünsche und Träume ausmacht. Auch wir haben eine Ahnung von einem Leben, das noch aussteht, ein Gespür für neues, weites und unbekanntes, für das verheißene Land. Die neue Erde, der neue Himmel ziehen uns. Also stellen wir fest: Es muss mehr geben als das, was wir bereits kennen.

In der Bibel, im Neuen Testament, spricht der Apostel Paulus über das, was wir irgendwie erahnen und ersehnen, was aber noch nicht geschehen ist. *Darum wartet die ganze Schöpfung sehnsüchtig und voller Hoffnung auf den Tag, an dem Gott seine Kinder in diese Herrlichkeit aufnimmt. Ohne eigenes Verschulden sind alle Geschöpfe der Vergänglichkeit ausgeliefert, weil Gott es so bestimmt hat. Aber er hat ihnen die Hoffnung gegeben, dass sie zusammen mit den Kindern Gottes einmal von Tod und Vergänglichkeit erlöst und zu einem neuen, herrlichen Leben befreit werden* (Römer 8,19-21; HFA).

Der Schauspieler Peter Ustinov, nicht gerade ein Kronzeuge für den christlichen Glauben, hat das Staunen darüber so beschrieben: »Ich habe nie an die Ewigkeit der menschlichen Seele geglaubt. Aber in der letzten Zeit bin ich mir nicht mehr so sicher. Nicht weil ich Angst vor dem Tode habe, aber es scheint mir, dass der Körper und die Seele in zwei verschiedene Richtungen gehen. Ich bin ein alter Mann, aber wenn ich einer besonders attraktiven Frau begegne, kann es geschehen, dass meine Seele Feuer fängt und sagt: Gott, ist das eine hübsche Frau! Und nun sehen Sie mich an! Das ist ja lächerlich, nicht wahr? Aber meine Seele kümmert das nicht. Die ist so jung wie damals, als ich mich zum ersten Mal verliebte. Man merkt wohl erst in meinem Alter, dass wir zweierlei sind. Körper und Seele. Der Körper altert. Aber die Seele? Sie ist jederzeit bereit, mich zu blamieren.«

Wo finden wir das, was bleibt und unserer Sehnsucht entspricht? Die Frage führt zu einer zweiten Feststellung: Unsere Sehnsucht muss nach Hause finden.

Zuflucht ist bei dem alten Gott und unter den ewigen Armen. Unsere Sehnsucht hat eine geistliche Dimension. Der Apostel Paulus macht an einer anderen Stelle in der Bibel Gott für diese Sehnsucht in uns verantwortlich. So predigt er vor einer zivilisationsmüden

Gesellschaft auf dem Areopag in Athen – und das ist fast 2000 Jahre her: *Damit sie Gott suchen sollen, ob sie ihn wohl fühlen und finden könnten; und fürwahr, er ist nicht ferne von einem jeden unter uns. Denn in ihm leben, weben und sind wir; wie auch einige Dichter bei euch gesagt haben: »Wir sind seines Geschlechts«* (Apostelgeschichte 17,27-28; LUT). Im vierten Jahrhundert war es der Kirchenvater Augustinus, der den lateinischen Satz formulierte: »Homo desiderium dei.« Wenn Sie mit der lateinischen Sprache vertraut sind, erkennen Sie vielleicht, dass man diesen Satz auf zweierlei Art und Weise übersetzen kann. Einmal: »Der Mensch ist die Sehnsucht Gottes.« Oder: »Der Mensch ist Sehnsucht nach Gott.« Es wird wohl so sein: Gottes unendliche Sehnsucht nach Gemeinschaft mit uns spiegelt sich in unserer Sehnsucht nach »mehr« wider. Das hat er in uns hineingelegt, wie den Instinkt des Lachses, der ihn unwiderstehlich Richtung Meer zieht. Klaus will mehr, Sie wollen mehr! Es kann nicht schaden, sich das einzugestehen, denn nur so findet unsere Sehnsucht nach Hause.

Vielleicht haben Sie sich mit einem wenig herausfordernden Leben zufriedengegeben, ein Leben, das so dahinplätschert. Der kleine Fluss reicht Ihnen, Sie schlucken die Sehnsucht herunter. Ich wünsche Ihnen, dass es Sie wieder packt, das Sehnen nach der unglaublichen Nähe Gottes, denn Ihnen gilt eine unglaubliche Verheißung: *Zuflucht ist bei dem alten Gott und unter den ewigen Armen.* (KGP)

Laden Sie Ihre Nachbarn zu einem Filmabend ein und schauen Sie sich zusammen den Film »Vincent will Meer« an. Dann reden Sie noch ein wenig über das Meer, oder besser über das »Mehr«, das hinter dem Meer steckt. Reden Sie über Ihre Sehnsucht, hören Sie, wonach sich Ihre Freunde sehnen. Vielleicht kommen Sie an dem Abend auf das Wesentliche zu sprechen.

GEDANKE DES TAGES

Hätten wir richtig gelernt, richtig in unseren Herzen zu lesen, dann wüssten wir, dass in uns ein Verlangen, ein heftiges Verlangen lebt, das durch nichts in dieser Welt gestillt werden kann. Es gibt vieles auf dieser Erde, das Erfüllung verspricht, aber immer bleibt ein Rest von Enttäuschung zurück.

C.S. Lewis

Sondern gedenke an den HERRN, deinen Gott; denn er ist's, der dir Kräfte gibt, Reichtum zu gewinnen, auf dass er hielte seinen Bund, den er deinen Vätern geschworen hat, so wie es heute ist.

5. Mose 8,18 (LUT)

Und der HERR sprach zu ihm: Dies ist das Land, von dem ich Abraham, Isaak und Jakob geschworen habe: Ich will es deinen Nachkommen geben. – Du hast es mit deinen Augen gesehen, aber du sollst nicht hinübergehen. So starb Mose, der Knecht des HERRN, daselbst im Lande Moab nach dem Wort des HERRN. Und er begrub ihn im Tal, im Lande Moab gegenüber Bet-Peor. Und niemand hat sein Grab erfahren bis auf den heutigen Tag.

5. Mose 34,4-6 (LUT)

Ehre, wem Ehre gebührt

Mose stirbt, eine unglaubliche Biografie endet hier, ein so reiches Leben. Kein Mensch weiß, wo er begraben liegt, und mir ist auch sonst niemand bekannt, den Gott selbst begraben hat. Was für eine Geschichte, die mit so wenigen Worten endet: *Mose war hundertundzwanzig Jahre alt, als er starb. Seine Augen waren nicht schwach geworden und seine*

Kraft war nicht verfallen (5. Mose 34,7; LUT). »Lieber Gott, ist das alles?«, denke ich. »Da verzichtet ein Mann auf alle beruflichen Vorteile, hat Stress ohne Ende, erntet selten Dank für seine Mühe, dafür aber umso mehr Missgunst und Kritik, und bleibt bis zum Ende seiner Berufung treu. Einmal, nur einmal vergisst er sich, handelt unbesonnen, und deshalb darf er nicht in das verheißene Land? Dabei war die Situation unerträglich. Das Volk probte wieder einmal den Aufstand, weil es an Wasser fehlte. Mose bekam den Auftrag, mit seinem Stab auf den Felsen zu schlagen, und tat das auch. Ganz unspektakulär heißt es: *Und Mose erhob seine Hand und schlug den Felsen mit dem Stab zweimal* (4. Mose 20,11; LUT). Statt zu befehlen, schlug er den Felsen, aus Ärger, aus Wut? Das kostete ihn den Einzug ins verheißene Land. Sorry, aber das verstehe ich nicht.«

So bin ich geneigt zu fragen, wenn ich es nicht besser wüsste. Die Geschichte des Mose ist also scheinbar doch keine Erfolgsstory. Keine späte Ehrung wird dem Mann zuteil, keine Heiligsprechung, keine politische Anerkennung. Warum? Weil es gar nicht um ihn geht, sondern um etwas viel Größeres, oder besser: um einen viel Größeren. *Sondern gedenke an den Herrn, deinen Gott; denn er ist's, der dir Kräfte gibt.* Die Geschichte des Mose ist die Geschichte der Treue Gottes. Die 40 Jahre Wüstenwanderung sind ein ewiges Beispiel für Gottes Erwählung und Versorgung. Um ihn geht es, nicht um Mose, nicht um mich und nicht um Sie. Um ihn allein.

Jeden Morgen bekommen wir Post, an sechs Tagen in der Woche, immer pünktlich von Heinz, unserem Postboten. Egal bei welchem Wetter, immer sehe ich ihn mit seinem gelben Fahrrad in unsere kleine Straße fahren, selbst bei Schnee und Eis und auch bei zehn

Grad minus. Ich kenne Heinz schon viele Jahre. Hin und wieder trinken wir eine Tasse Kaffee zusammen und ich beneide ihn nicht um seine Aufgabe. Die meisten Leute kennen ihn nur vom Sehen, von einem kurzen Gruß, aber sie interessieren sich nicht für ihn. Er bringt die Post. Das ist seine Aufgabe, und hinter die tritt er ganz zurück. Eigentlich müssten alle Postboten unter schweren Depressionen leiden ... Aber Heinz trägt es mit Fassung, dass niemand ihn so richtig wahrnimmt. Er weiß, dass er Postbote ist, und da sind die Post und ihre Verfasser wichtig – nicht aber der, der die Post bringt.

Ähnlich sieht auch unsere Aufgabe aus, in den vielen Jahren, die wir unterwegs sind, in guten und weniger guten Tagen, am Sonntag und an jedem Tag der Woche. Wir sind so etwas wie die Postboten des Höchsten und unser erklärtes Ziel ist es: Wir wollen den ehren, von dessen Treue wir leben. Es geht nicht um uns, nicht um mich, nicht um die Kleinen und Großen im Reich Gottes. Es geht um den, von dem alles kommt: *Sondern gedenke an den Herrn, deinen Gott; denn er ist's, der dir Kräfte gibt, Reichtum zu gewinnen, auf dass er hielte seinen Bund, den er deinen Vätern geschworen hat, so wie es heute ist.*

Woher kommt die Kraft für jeden neuen Tag? Woher Erfolg? Woher die Fähigkeit, in schweren Tagen durchzuhalten? Woher kommt die immer wiederkehrende Möglichkeit, neu anzufangen, woher Vergebung und Beauftragung? Von Gott! Gott segnet uns, um für seine Treue zu werben. Gott mutet uns schwere Wege zu, um uns und andere Menschen zu ermutigen, seine Hilfe zu suchen. Gott lässt uns unsere Sünde erkennen, damit wir Jesus groß machen. Gott lässt unsere Arbeit gelingen, um auf seine Gnade aufmerksam zu machen.

Wie reagieren wir darauf? Die Menschen in alter Zeit wussten das vielfach besser. Sie schrieben es über die Torbögen ihrer Kirchen, unter die Kompositionen ihrer Kantaten, über die Zeilen ihrer Gedichte: Soli deo gloria – allein Gott die Ehre!

Ihm die Ehre, weil er rettet, wo alle menschliche Hilfe nicht mehr greift. Das zeigt auch die folgende Geschichte: Mit Sorge hatte ich beobachtet, wie das Miteinander dieses jungen Ehepaars immer schwieriger wurde. Beide Ehepartner waren auf ihre Weise verzweifelt, meine Ratschläge an den Ehemann zeigten keine Wirkung. Offen wurde an Trennung gedacht. Einige Wochen später steht vor mir ein veränderter Mann. Ein Wochenende mit einer Handvoll Männern, gute Gespräche, Reden Gottes in ganz neuer Weise – was weiß ich, was da passiert ist, aber es war so: Er hatte begriffen, was Gott von ihm wollte, und plötzlich war ein echter Neubeginn möglich. Was bleibt da anderes, als mit einzustimmen in dieses Soli deo gloria!

Was hier so leicht klingt, ist nicht leicht und läuft auch sicherlich nicht immer so ab. Doch genau das ist möglich, wenn wir zulassen, dass Gott uns durch die Wüste unseres Alltags führt. Das ist nicht zu überbieten und deshalb: Soli deo gloria – alle Ehre ihm allein!

War das vielleicht der eigentliche Grund für den so stillen Heimgang eines unvergleichlichen Führers? Weil es ihm nie um sich selbst, aber immer um den Allmächtigen gegangen ist? Weil Gott das gesehen und bestätigt hat? Ich könnte mir kein besseres Finale für mein Leben wünschen! Amen. (KGP)

IMPULS

Spielen Sie den Postboten, rufen Sie Ihren Hauskreis zusammen und überbringen Sie dem nahe gelegenen Polizeirevier einen Gruß. Freunde von mir haben das getan. Einen Brief, in dem sie sich bei den Frauen und Männern der Polizei bedankten, verbunden mit einem kleinen Geschenk, das Anerkennung und Dank signalisierte. Sie waren richtig gute Postboten, die Neugierde weckten für den eigentlichen Absender.

GEDANKE DES TAGES

Gnade muss es sein –
Gnade allein!
Alles andre geht in Stücke,
ist nur eine schlechte Krücke.
Gnade muss es sein –
Gnade ganz allein!

Friedrich Hermann Krüger

Gemeinsam 40 Tage Kraft tanken

»Wer den Alltag meistert, ist ein Held.«
Fjodor Dostojewski

Gemeinsam den Alltag meistern. Den Glauben im Alltag leben. Dafür ist Gemeinde da. Oder wie Martin Luther es ausdrückt: »Damit niemand allein gegen den Teufel stehen muss, darum hat Gott die Gemeinde gegeben.«
Mit der Aktion »40 Tage Kraft tanken« können Sie gemeinsam mit Ihrer ganzen Gemeinde Kraftquellen für den Alltag erschließen.
Die Gemeindeaktion »40 Tage Kraft tanken«, das sind ...

Sechs inspirierende und liebevoll geplante Gottesdienste, zu denen Sie auch Ihre Freunde und Bekannten einladen können, denn wer sehnt sich in der hektischen, kraftzehrenden Zeit heute nicht nach neuen Kraftquellen? In jedem Gottesdienst wird in das Thema der Woche eingeführt.

Sechs besondere Kleingruppenabende. Viele Menschen – gerade auch Suchende und Kirchendistanzierte – lassen sich gerne auf eine »Gemeinschaft auf Zeit« ein. Öffnen Sie für sechs Wochen Ihre Kleingruppen und Hauskreise – oder gründen Sie neue – und diskutieren Sie gemeinsam über die Inhalte dieses Buches. Nicht selten hat sich die Anzahl der Kleingruppen in einer Gemeinde nach einer »40-Tage-Aktion« um 50 Prozent erhöht.

40 intensive Tage, in denen sich die ganze Gemeinde, von klein bis groß, gemeinsam mit Mose beschäftigt und von ihm lernt, wie sich der Sonntagsglaube in den Alltag tragen lässt. Dieses Gemeinschaftserlebnis macht das Besondere der »40-Tage-Aktionen« aus. Am Essenstisch oder beim Bäcker spricht man auf einmal über Mose.

Ein Thema: Wie können wir in einer Zeit des chronischen Energiemangels Kraftquellen erschließen, die uns durch den Alltag tragen? Wie kann man den Glauben ganz praktisch leben?

Als teilnehmende Gemeinde erhalten Sie umfangreiche Materialien für die Planung und Gestaltung der Aktion (Predigtentwürfe, Theaterstücke, Liedvorschläge, Kleingruppenmaterial, Kinder- und Jugendstunden, Werbematerial, u.v.m.).

Interessiert? Auf folgender Internetseite finden Sie weitere Informationen rund um die Kampagne »ÜberLeben – 40 Tage Kraft tanken« und die Möglichkeit, Ihre Gemeinde anzumelden: www.kirchemitvision.de.
Oder schenken Sie Ihrem Pastor einfach ein Exemplar dieses Buches, und gewinnen Sie ihn für die Idee, gemeinsam die Aktion »ÜberLeben – 40 Tage Kraft tanken« in Ihrer Gemeinde durchzuführen.

»Die ›40-Tage-Kampagnen‹ haben in unserer Gemeinde wirklich eingeschlagen. Die Kombination aus Buchlektüre, Kleingruppen, Gottesdienst und einigen weiteren Highlights hat für einen nachhaltigen Effekt gesorgt.«
(Erhard Schilling, Pastor)

www.kirchemitvision.de

Anmerkungen

1   Zitiert bei Charles Swindoll, Moses, Nashville 1999, S. 20.
2   Ebd., S. 57.
3   In der Wüste/Desert Song, Text: Brooke Fraser / deutsch: David Schnitter, © 2008 Hillsong Publishing / Für D, A, CH: CopyCare Deutschland, 71087 Holzgerlingen.
4   Still, Text: Reuben Morgen / deutsch: Winnie Schweitzer, © 2002 Hillsong Publishing, für D, A, CH: CopyCare Deutschland, 71087 Holzgerlingen.
5   © Copyright by Gütersloher Verlagshaus, Gütersloh, in der Verlagsgruppe Random House GmbH, München.
6   Hanns Dieter Hüsch / Uwe Seidel, Ich stehe unter Gottes Schutz, Düsseldorf 2003, S. 140.
7   Deutsch: Gerhard Schnitter, © Ateliers et Presses de Taizé, F-71250 Taizé-Communauté, Frankreich.
8   Brennan Manning, Die unbändige Liebe Gottes, Aßlar 2010, S. 45ff.
9   Gordon MacDonald, „Wenn meine verborgene Welt …", aus: ders., Ordne dein Leben, © Gerth Medien, Aßlar